Heinrich Lomer

Der Rauchwaaren-Handel, Geschichte, Betriebsweise nebst Warenkunde

Heinrich Lomer

Der Rauchwaaren-Handel, Geschichte, Betriebsweise nebst Warenkunde

ISBN/EAN: 9783743686144

Hergestellt in Europa, USA, Kanada, Australien, Japan

Cover: Foto ©Suzi / pixelio.de

Weitere Bücher finden Sie auf **www.hansebooks.com**

DER RAUCHWAAREN-HANDEL.

GESCHICHTE, BETRIEBSWEISE

NEBST

WAARENKUNDE

VON

HEINRICH LOMER.

LEIPZIG,
EIGENTHUM DES VERFASSERS.

VORWORT.

Der Rauchwaarenhandel als einzelnes Glied der grossen Handelskette, die immer fester die getrennten Völker und Länder mit einander verbindet, ist bis jetzt nur in sehr beschränkter Weise schriftlich erörtert worden. Die Geschichte dieses Handelszweigs, obwohl mit der allgemeinen Weltgeschichte, besonders in der Zeit ihrer frühesten Entwickelung, eng verknüpft, ist bisher fast nur in dem Gedächtniss der Betheiligten aufbewahrt gewesen und kann auch in der vorliegenden Schrift zum Theil nur nach mündlicher Ueberlieferung mitgetheilt werden. Die Statistik lieferten eigenes Wissen und Geschäftsbücher, die Technik und Waarenkunde entspross aus Erfahrung und Erlerntem und es kann dieser Quellen halber weder auf Vollständigkeit noch auf Vermeidung aller Irrthümer Anspruch gemacht werden. Die Grundsätze des Kaufmanns und Rauchwaarenhändlers, welche den Schluss dieses Buches bilden, sind aus vollster Ueberzeugung geschrieben. Wohl stehen sie in der Brust aller rechtlichen Kaufleute eingeprägt, aber der Wunsch, dass sie noch mehr als heute Gemeingut werden mögen, und dass auf diesem geschäftlichen wie moralischen Grunde fortgearbeitet werden möge, gab Veranlassung sie hier darzulegen.

Die stete Theilnahme und das dauernde Wohlwollen von Geschäftsfreunden, Lehre und Beispiel eines hochachtbaren Vaters, vor Allem der Segen des Allmächtigen, der sich durch Begabung mit Vorliebe und Eifer zu dem Berufe offenbarte, legten den Grund; hohes Interesse, welches dem Rauchwaarenhandel zu Theil wird, reiften den Entschluss zur Beschreibung desselben.

In Gefühlen des tiefsten Dankes gegen die Vorsehung widmet diese Schrift seinen hohen Gönnern und Freunden als Zeichen seiner Verehrung und Liebe und bittet um wohlwollende Beurtheilung

Leipzig, 1864.

Der Verfasser.

INHALT.

	Seite
Ursprung des Handels	1

Die Bedeutung des Handels. — Rauchwaaren, erste Handelsobjecte. — Asien, die Wiege des Handels. — Gang des Handels von Ost nach West. — Japanesen, Chinesen, Phönizier.

Geschichte des Rauchwaarenhandels 2

1) Asien und Russland 3

Sibirien. — Grosser Umfang des Rauchwaarenhandels in frühester Zeit. — Entdeckung Kamtschatka's und der Aleuten. — Russisch-Amerik. Compagnie. — Hauptniederlassungen Kodjak und Sitka. Sitz derselben St. Petersburg.

2) Nordamerika 4

Concurrenz zwischen den Europäern und Sieg der Engländer. — Zusammentreffen der Russen und Engländer, Tractat wegen der Grenze von Russisch-Amerika. — Grenze zwischen den Verein. Staaten und Brittisch-Amerika.

    a) Canada 4

Quebeck gegründet durch die Franzosen. — Bildung der Pelzcompagnie daselbst. — Concurrenz der englischen Ansiedler in New-York, mit derselben. — Erfolglosigkeit des französischen Handels unter der Leitung der Regierung. — Abtretung der Hudsonsbay, Neuschottlands und Newfoundlands an England. — Einfuhr von Pelzfellen von Canada in Frankreich durch Rochelle. — Uebergabe Canada's an die Engländer.

  Seite

    b) New-Amsterdam — New-York 6
        Gründung durch die Holländer. — Handel mit den Indianern. — Fort Orange von den Engländern erobert. — Fruchtlosigkeit des Monopols. — Zugänglichkeit der neuen Ansiedlungen.
    c) Die Hudsonsbay 6
        Entdeckung derselben von James Hudson. — Bildung einer Handelsgesellschaft unter dem Prinzen Ruppert. — Fort Charles. — Bestätigung der Hudsonsbay-Compagnie durch Charles II. — Das Monopolrecht der Compagnie angefochten. — Concurrenz der Canadisch-Französischen Monopolgesellschaft. — Gründung der Nordwest-Compagnie. — Streit zwischen der Hudsonsbay- und Nordwest-Compagnie und endliche Vereinigung beider. — Vancouvers Insel. — Oregon-Gebiet. — Veränderung der Compagnie in neuester Zeit.
    d) Joh. Jac. Astor und sein Wirken 9
  3) Deutschland 11
    Reiche Production in ältester Zeit. — Das Gewerbe der Kürschnerei älter als die Hansa. — Bemerkungen aus dem früheren Handel mit Russland. — Aufschwung des deutschen Handels in neuerer Zeit. — Der Messhandel. — Verkehr nach dem Auslande. — Ausdehnung des Handels mit amerikanischen und russischen Erzeugnissen. — Internationaler Handelsverkehr.

Betrieb des Rauchwaarenhandels 13
  1) Der amerikanische Rauchwaarenhandel 13
    a) In den Hudsonsbay-Territorien 13
        Feste Plätze zur Vermittelung des Tauschhandels. — Gegenstände und Art und Weise des Handels. — Tauschtarif. — Beschränkung der Spirituosen als Tauschmittel. — Charakter der Indianer. — Ertrag der Hudsonsbay-Compagnie. — Verkaufsplätze der Compagnie: Montreal und London. — Auctionen in London. — Einfuhrliste Frühjahr 1864. — Einfuhrliste Frühjahr und Herbst 1863. — Verkaufsliste 1729 und 1829 und Preise 1863. — Einfuhrliste 1723—1728, verglichen mit 1863. — Gesammt-Einfuhren in verschiedenen Zeiträumen 1844—1863. — Schilderung einer Auction.
    b) In Canada und den Verein. Staaten 17
        Geld als Tauschmittel. — Freie Concurrenz von Jägern, Indianern, Trappern. — Permanente Agenturen von New-Yorker Handelshäusern. — Kleinhandel im Innern. —

Ueberseeische Verbindung. — Leipzig. — London. — Auction von C. M. Lampson & Co. — Einfuhren in London in verschiedenen Zeiträumen 1844—1863. — Vorzüge des Leipziger Marktes. — Einfuhr von russischen und deutschen Producten in Amerika.

2) Der russische Rauchwaarenhandel 28
 a) Begründung des Handels in Sibirien durch Wassiliewitsch II. — Tribute der unterworfenen Völkerstämme.
 b) Handel der russisch-amerikanischen Pelzcompagnie. — Verkauf ihrer Waaren in St. Petersburg.
 c) Handel nach Kiachta. — Thee als Haupttauschmittel. — Einfluss der Regierung auf den Handel. — Handelsverhältnisse. — Einfuhrliste von Rauchwaaren in Kiachta 1817 bis 1819 und 1841—1843.
 d) Handel auf den russischen Messen 32
  I. Irbit. — Communication durch Schlitten. — Gegenstände des Handels. — Einfuhr russischer Erzeugnisse in Irbit. — Liste.
  II. Messe in Nischny-Nowgorod. — Betheiligung an derselben. — Einfuhrliste russischer Rauchwaaren daselbst. — Handelsusancen.
 e) Handel in den Hauptstädten 33
  I. St. Petersburg, gehoben durch den Sitz der Russ.-Amerik. Compagnie und die Zugänglichkeit für andere Nationen. — Bedeutender Umsatz in amerikanischen Artikeln.
  II. Mosco. — Umfangreiche Zufuhren von allen Länderstrichen. — Bedeutende Handlungshäuser. — Börse in Mosco. — Handelsgebräuche.

3) Der skandinavische Rauchwaarenhandel 37
 Eigene Producte und die der Colonien Grönland und Island. — Erzeugnisse Schwedens und Norwegens. — Dänemark (Jütland und Seeland). — Transit der Waaren nach Russland durch Deutschland. — Königl. Dän.-Grönländische Compagnie in Copenhagen. — Inspectorate. — Auctionen. — Einfuhrliste der Grönl. Auctionen.

4) Der deutsche Rauchwaarenhandel 39
 Theilnahme an demselben. — Kürschnerei und Rauchwaarenhandel. — Der Gross- und der Kleinhandel. — Betrieb des Handels in den deutschen Städten. — Benachbarte Länder. — Frankreich. — Polen. — Landestrachten. — Messen.

Seite
Die Leipziger Messen 41
Ostermesse. — Producte Deutschlands und der angrenzenden
Länder. — Producte Russlands und Asiens. — Producte
Skandinaviens. — Producte Amerika's. — Halbfabricate Englands, Frankreichs, Hollands, Polens, Deutschlands. — Michaelismesse. — Liste der Gesammteinfuhren in Leipzig. —
Besuch der Messen durch Ausländer. — Einkauf und Verkauf. — Bedürfnisse der verschiedenen Käufer. — Die Verkäufer 1) der deutschen Waaren, — 2) der amerikanischen
Waaren, — 3) der russischen Waaren. — Charakterisirende
Bemerkungen.

Die Productionsländer 47
a) Productionsliste Sibiriens und des russischen Amerika 47
b) Productionsliste Mitteleuropa's 48
c) Productionsliste Nordamerika's 49
d) Productionsliste des europäischen Russlands, Schwedens, Norwegens, Islands und Grönlands 50
e) Productionsliste Süd-Amerika's, Süd-Asiens, Afrika's, Australiens und der Südsee-Inseln 50
f) Jährliche Gesammtproduction unsers Erdkörpers 51

Der Fang der Pelzthiere 52

Stufenfolge der Pelzwerkbereitung 53
Rang der Völker in der Civilisation nach der Vollkommenheit ihrer
Werke. — Esquimaux. — Indianer Oregons. — Neuseeländer und
Kaffern. — Grönländer. — Chinesen. — Europäer.

Bereitung der Pelzfelle 56
Bereitung der Wildwaaren. — Russische Bereitungsweise. — Bereitung
von Lammfellen, Kaninchen, Eichhörnchen und Chinchillas in Deutschland. — Bereitung der Pelzseehunde in England.

Waarenkunde 59
Einleitung. — Reihenfolge der Pelzfelle nach ihrer Zusammengehörigkeit im Handel:
Sibirische Zobel 60
Amerikanische Zobel 61
Nerze 62
Edelmarder 63
Steinmarder 63

	Seite
Iltis	64
Kolinsky	65
Hermeline	65
Eichhörnchen	66
Bisam	67
Hamster	68
Chinchillas	68
Schwarz- und Silberfüchse	69
Kreuzfüchse	71
Blaufüchse	71
Weisse Füchse	72
Rothe Füchse	72
Griesfüchse	73
Kittfüchse	74
Waschbären	74
Virgin. Iltis	75
Skunks	75
Opossum	76
Bären	77
Luchse	79
Luchskatzen	79
Wölfe	80
Büffel	80
Vielfrasse	81
Dachse	81
Biber	82
See-Otter	83
Otter	83
Pelzseehunde	84
Seehunde	85
Koipu	85
Hasen	86
Kaninchen	87
Hauskatzen	87
Wilde Katzen	88
Lammfelle	89
Affen	90
Löwen, Tiger, Panther, Leoparden u. s. w.	91
Schwäne und Gänse	93
Grebes	93

	Seite
Preisveränderung der Rauchwaaren	94

Der Werth der Rauchwaaren abhängig von ihrer Nutzbarkeit und Seltenheit, von dem Reichthum und von der Mode unter den pelzverbrauchenden Völkern. — Zunahme der Ausbeute. — Zunahme des Nationalreichthums. — Modewechsel, Kriege, Geldkrisen. — Beispiele. — Anmerkung über den Schleichhandel und Schutzzölle. — Preise in Kiachta im vorigen Jahrhundert. — Veränderung des Quantums der Rauchwaaren.

Der Kaufmann und Rauchwaarenhändler	101

Wissen und Können. — Organisationstalent. — Welt- und Menschenkenntniss. — Umgang mit Menschen. — Waarenkenntniss. — Moralische Kraft. — Handelstalent. — Geld! Geld? — Intelligenz. — Credit. — Rechtlichkeit. — Offenheit. — Unternehmungsgeist. — Muth. — Kosmopolitische Gesinnung des Kaufmanns. — Ora et labora. — Frohsinn. — Wohlthätigkeit.

Ursprung des Handels.

Der Handel, der die Erzeugnisse ferner Länder zu unserm Nutzen und Gebrauch herbeischafft, dessen Sendboten den Erdball durchforschten und Länder und Welttheile entdeckt haben, darf mit Recht eine Triebfeder der Cultur, das belebende Element des leiblichen und theils auch geistigen Wohlstandes der Völker genannt werden. Derselbe muss sich zu seinen ersten Tauschobjekten die Kleidung erkoren haben, als das den Menschen nächst den Nahrungsmitteln nothwendigste Lebensbedürfniss. Von der Natur aber war zur Kleidung als der trefflichste Stoff geboten die Häute und Felle der Thiere, in den nördlicheren Gegenden das feine und schöne Pelzwerk.

Die Wiege des Handels, wie der Bildung überhaupt, ist nach unserer Geschichte Asien, und nach dieser Quelle hätten die Phönizier an der Spitze der handeltreibenden Völker der alten Welt gestanden. Wenn aber unsere Ueberlieferung von sechstausend Jahren erzählt, wenn die neuere Geschichts- und Natur-Forschung viele Jahrtausende hinzusetzen muss, wenn endlich die Chinesen eine fast dreissigtausendjährige Zeitrechnung haben: so dürfen wir wohl voraussetzen, dass der Handel, übereinstimmend mit dem lange gewohnten Gange der Bildung, von Osten nach Westen sich zu wenden, von den Völkern Ostasiens, den Japanesen und Chinesen zu den Phöniziern gekommen ist.* Es ist also auch der Ursprung des Rauchwaarenhandels von Ostasien, von China, herzuleiten. Vermuthlich haben jene asiatischen Völker bei dem ersten Schritte zur Cultur, als sie anfingen, sich zu kleiden, und dann, sich zu schmücken, die rohen Felle von Tigern, Löwen, Bären etc. um ihre Schultern und Hüften gehängt, wie noch heute viele auf niederer Stufe der Cultur stehende Indianerstämme im Westen Amerika's thun.

Geschichte des Rauchwaarenhandels.

Diese fängt gleich nach dem Gebrauche des Productes an. Wenn der kühne Jäger wilde Thiere erlegt hatte, tauschte er von Denjenigen, welche das Glück oder die Geschicklichkeit im Waidwerk nicht besassen, doch aber Verlangen nach einem Bärenfelle oder dergl. hatten, andere Gegenstände dafür ein. Diese zweite Stufe beweist den Scharfsinn des menschlichen Geistes weit erhabener, als Jagd und Raub, und stellt die In-

* Wenn in der Industrie und den Künsten der Chinesen später Stillstand eingetreten ist, so mag dieser sich von der Zeit herdatiren, als sie sich von dem Verkehr mit andern Völkern abgeschlossen hatten.

telligenz über den Instinct der Thiere, weil dadurch der Nebenmenschen Nutzen, wie der eigene, gefördert wurde. Von der dreissigtausendjährigen Geschichte der Chinesen ist uns leider nur wenig überliefert; die ersten Daten aus der Geschichte des Rauchwaarenhandels, welche historisch begründet sind, bietet Russland, das nächst China am meisten Pelzwerk verbrauchende Land. Da nämlich die Russen Nützlichkeit und Schönheit an dem Pelzwerk erkannt hatten und sie in ihrem eignen Lande nicht genug Befriedigung darin fanden, trieb der Begehr danach sie weiter nach Osten und führte sie in der ersten Hälfte des 16. Jahrhunderts zur Entdeckung* oder Invasion Sibiriens, und schon 1558 nannte sich Iwan Wasiliewitsch II. Fürst aller Länder Sibiriens.

Der Verbrauch in Pelzwerk und demnach der Handel mit demselben, muss, so sehr er auch in jenen Jahrhunderten auf Russland und China beschränkt gewesen sein mag, doch schon sehr bedeutend gewesen sein, und die Summe von Hunderttausenden betragen haben. Nur langsam geschah jedoch das Vordringen in den kalten unwirthbaren Regionen; denn erst zweihundert Jahre später, zu Anfang des 18. Jahrhunderts, wurde Kamtschatka und um die Mitte desselben die Aleuten, Fuchsinseln, entdeckt. Im Jahre 1785 wurde die Russisch-amerikanische Pelzcompagnie begründet, welche 1799 vom Kaiser mit einigen Vorrechten** bestätigt ward. Die Compagnie

---

* Von einem Lande, das seine Grenze von Norden bis Süden an das ganze russische Reich anschliesst, dürfte man wohl kaum von Entdeckung sprechen.

** Zu diesen Vorrechten gehört die Erlaubniss der Einfuhr von sonst prohibirtem Pelzwerk; zur Zeit können fast alle Pelzwaaren, gegen Zoll, von jedem Kaufmann I. u. II. Gilde in Russland eingeführt werden, und es ist nur noch die Einfuhr von Seeottern verboten.

hat ihre Hauptniederlassungen auf den Inseln Kodjak und Sitka, von wo aus sie den monopolisirten Tauschhandel mit den Indianern betreibt. Ihr Sitz ist Petersburg.

Auf Russland müssen wir bei Besprechung der Bezugsquellen und des gegenwärtigen Handels zurückkommen; jetzt wenden wir uns nach dem zur Zeit am meisten Pelzwerk producirenden Erdtheile

Nordamerika.

Hier traten die Franzosen, Holländer und Engländer in Concurrenz, welche in Kampf zwischen den verschiedenen Nationen ausartete. Die Engländer siegten und machten sich zu Herren auch aller der Pelzländer, welche die Franzosen und Holländer beansprucht hatten, und erst als die vereinigten Staaten sich von ihnen losrissen, bekamen sie in diesen einen neuen Nebenbuhler. Die Europäer und deren Nachkömmlinge, die Amerikaner, schritten, nun vom Handel getrieben, eifrig vor, die Engländer und Amerikaner nach Westen, die Russen nach Osten, wo sie endlich auf ihren Entdeckungszügen gelegentlich auf einander stiessen. Im Anfange des 19. Jahrhunderts aber wurde durch einen Tractat die Grenze zwischen dem russischen und englischen Amerika auf den 140. Grad westlicher Länge, jedoch mit den Inseln Sitka und Neu-Archangel für russisch Amerika, festgesetzt. Zwischen dem englischen Amerika und den vereinigten Staaten im Westen ist der 49. Grad nördl. Breite als Grenzlinie angenommen.*

Die Franzosen, welche den Pelzhandel mit Canada be-

---

* Diese Länderstriche, wo man die Grenzen durch Grade bezeichnet, sind noch bis heute nicht genau erforscht, viele Gegenden vielleicht noch nicht von Indianern, viel weniger von dem Fusse civilisirter Nationen betreten worden.

gannen, gründeten 1608 die Hauptstadt Canada's, Quebeck. Eine Compagnie von 700 Theilnehmern betrieb (sie hatte das Monopol des Pelzhandels bekommen) den Handel in Tadoussac am St. Lorenzstrom und später in Trois-Rivières und Montréal. Monopol, — ein Verbot für Andere, machte diese um so eher lüstern; die englischen Colonisten in New-York bezahlten den Irokesen die Waaren besser, und es zog sich der Haupthandel nach New-York. Einige vorgeschobene Forts am Ontario-See, Niagara und dann am Toronto hatten nicht den für die Franzosen erwünschten Erfolg, und der freie Handel der Engländer gedieh besser. Ebenso wenig Gewinn brachte es, dass der König von Frankreich das Monopol des Pelzhandels selbst in die Hände nahm, indem man nur die schlechtesten Felle für ihn einkaufte. Als im Jahre 1713, nach dem Utrechter Frieden, Frankreich die Hudsonsbay, Neuschottland und Neufoundland an England abtreten musste, verlor dasselbe den grössten Theil des Pelzhandels, so dass ihm nur die Erzeugnisse von Canada übrig blieben. Der Handel war jedoch noch bedeutend, wie folgende Zahlen besagen:

Einfuhr in Frankreich durch Rochelle im Jahre 1743.

Biber	....	127,080 Stck.	Otter	.....	9000 Stck.
Bären	....	16,512 „	Virgin. Iltis	...	3500 „
Waschbären	..	110,000 „	Luchse		1220 „
Zobel		30,328 „	Wölfe		1267 „
Nerze		1700 „	Vielfrasse		9 „
		Füchse	10,700 Stck.		

Endlich in einem neuen Seekriege 1759, als die damalige Hauptstadt Canada's Quebeck von den Engländern genommen wurde, und als nach dem siebenjährigen Kriege ganz Canada an die Engländer überging, verlor Frankreich völlig seinen überseeischen Rauchwaarenhandel.

Inzwischen hatten im Jahre 1610 die Holländer in dem jetzigen Staate New-York eine Niederlassung unter dem Namen Neu-Amsterdam gegründet und 150 Meilen weiter im Innern das Fort Orange angelegt, um mit dem Stamme der Irokesen den Rauchwaarentausch zu betreiben. Auch sie verloren im Jahre 1664 ihre Besitzung an die Engländer, welche den Handel auf gleiche Weise fortzusetzen suchten. Das Handelsmonopol trug auch hier jedoch keine grossen Früchte, weil die Monopolisten in den neugegründeten Orten die europäischen Artikel, gegen welche sie Felle von den Indianern eintauschten, viel wohlfeiler einkaufen konnten, als man von Europa sie ihnen berechnete. In diesem Lande, welches von Canada wie von der See leicht zugänglich war und wo mehrere Nationen schon früher sich angesiedelt hatten, konnte ein solches Monopol nicht aufrecht erhalten werden; anders war es in den Ländern der Hudsons-Bay.

Die Hudsons-Bay im Norden von Canada gelegen, neun Monate jeden Jahres durch Eis unzugänglich, war im Jahre 1610 von dem Engländer Hudson entdeckt und nach ihm benannt worden. Ein halbes Jahrhundert später, als die Engländer durch den Franzosen Grosseillier auf den Pelzreichthum dieser Gegend aufmerksam gemacht worden waren, bildete sich eine Gesellschaft unter des Prinzen Ruppert Hoheit, Christopher Herzog von Albemarle und William, Graf von Crawe, zusammen mit andern Kaufleuten auf gut Glück (Adventurers), um eine Expedition nach der Hudsonsbay unternehmen zu lassen. Es bekamen der erwähnte Grosseillier und der Engländer Gillam den Oberbefehl über dieselbe; sie gründeten das Fort Charles, und die Gesellschaft erhielt nach ihrer Rückkehr von dem Könige Charles II. im Jahre 1670 einen Freibrief (charter), der ihr den alleinigen Besitz der Hudsonsbay und aller westlich dahinter liegenden Länder gewährte, (dieselben werden, nach dem Prinzen Ruppert, Ruppertsland benannt) mit vollständiger Gerichtsbarkeit über dieselben, dem Monopol des alleinigen Handels, nebst allen bis dahin entdeckten oder noch zu entdeckenden Minen.

So geschah die Gründung der bis heute bestehenden Hudsonsbay-Compagnie. Das derselben nunmehr seit fast zweihundert Jahren zuertheilte Privilegium ist in der Zwischenzeit von vielen Seiten angefochten worden. Mit der Regierung hatte sie langwierige Prozesse zu bestehen, welche letztere allemal mit erneuerter Bestätigung seitens des Parlaments, doch nur auf den Zeitraum von 7 bis 10 Jahren endeten. Die Gegner der Compagnie behaupten, dass der königliche Freibrief nicht legalisirt, vom Parlamente bei der Ertheilung nicht bestätigt worden sei; die Compagnie hat zuletzt die Beweisführung ihren Gegnern überlassen, welche jedoch dieselbe bisher schuldig geblieben sind. Die Franzosen, welche ohne Erfolg bemüht gewesen waren, die Engländer zu vertreiben, legten ein französisches Fort in der Nähe des Fort Charles an, und erhandelten Felle für Rechnung der Canadischen Monopol-Gesellschaft. Beide Parteien rivalisirten bis 1713, als, wie schon gesagt, die Hudsonsbay gänzlich den Engländern zufiel. — Nicht ungestört blieb indessen die Hudsonsbay-Compagnie in ihrem Alleinhandel. Eine Gesellschaft Canadier hatte im Jahre 1783 die Nordwest-Compagnie gebildet. Ihre Agenten und Trapper waren sehr eifrig; sie dehnten ihre Streifzüge immer weiter nach Westen und Norden aus, und es war kein Wunder, dass sie endlich mit den Pelzjägern der Hudsonsbay-Compagnie zusammenstiessen. Dies geschah 1793. Nun bekriegten beide Compagnien einander; nicht die Regierungen, von welchen sie Recht und Freibrief empfangen hatten, sondern sie selbst stellten

Soldaten. Der erbitterte Krieg hatte lange Zeit nur den Erfolg, dass die grossen Kosten die Zinsen und das Einkommen der Theilnehmer auf Null brachten. Endlich gelang es der reicheren und mächtigeren Hudsonsbay-Compagnie, die Nordwest-Compagnie in sich zu vereinen; die Theilhaber der Nordwest-Compagnie wurden Actionäre der Hudsonsbay-Compagnie; erstere hörte auch dem Namen nach auf, und ihre sämmtlichen Jagdgegenden, darunter das bedeutende Oregongebiet am Flusse Columbia und die Insel Vancouvers fielen der Hudsonsbay-Compagnie anheim. Da das Gebiet Oregon seit dem Friedensschlusse mit England (1815) den Vereinigten Staaten gehört, seit welcher Zeit der Pelzhandel auch von andern Kaufleuten hier ausgebeutet wird, so wurde der Hudsonsbay-Compagnie Concurrenz geboten, welche sie indess bisher gut bestanden hat. Ganz neuerdings, im Monat July 1863, ist diese Compagnie in andere Hände übergegangen. Es hat sich nämlich in London eine Gesellschaft „The International Financial Society", eine Art von Credit mobilier, gebildet, welche mit dem bisherigen Gouverneur und dem Directorium Vereinbarung getroffen hat, alles Eigenthum der Hudsonsbay-Compagnie, als: Actien, Waaren, Geld, Schiffe, Häuser, Land und Privilegien zu übernehmen und dagegen für alle Actien, welche nominell auf 100 Pfd. Sterl. lauteten und die man bisher schon 200 Pfd. Sterl. werthgeschätzt hatte, je 300 Pfd. Sterling zu bezahlen. Das Capital der Gesellschaft, zu 500,000 Pfd. Sterl. angesetzt, trug den Actionären seit den letzten vierzig Jahren jährlich 10 Procent Zinsen und alle 20 Jahre einen extra Bonus von noch 10 Procent ein. Noch vor wenig Monaten wurden Actien zu 195 Pfd. im Handel umgesetzt, die neue Gesellschaft zahlte nun für die 5000 Actien je 300 Pfd. Sterl., welches 1,500,000 Pfd. Sterl. ausmacht. Die grosse Liberalität ist aber nur eine scheinbare, indem die

Compagnie gleich nach dem Kauf erklärte, dass sie ihr neuerworbenes Eigenthum auf Zwei Millionen Pfund schätze, und nunmehr die Geldwelt und besonders die früheren Actionäre derselben Hudsonsbay-Compagnie zu einer Actienzeichnung auf diese Summe einlade. Das ganze Capital ist gezeichnet und auf diese Weise um 500,000 Pfd. Sterl. vermehrt worden. Ob das Land nunmehr besser verwaltet, ob Wege gebaut, Cultur und Christenthum eingeführt werden, ob die Welt im Allgemeinen von dieser Veränderung Gewinn haben werde, steht noch sehr in Frage, und man muss rasche Fortschritte besonders darum bezweifeln, weil eine mit Monopol geschützte Compagnie auch wieder den Alleinhandel wird aufrecht erhalten wollen.

Ehe wir erzählen, wie der Handel in diesen Territorien betrieben wird, werfen wir in Anschauung des Handels in der letzten Hälfte des vorigen Jahrhunderts noch einen Rückblick auf einen Mann, der damals als Einzelner so viel schaffte, als manche Compagnie, und Reichthum und guten Namen sich erworben hat: Johann Jacob Astor, ein Deutscher, gebürtig aus Walddorf bei Heidelberg. Nach London ausgewandert, war er bald nach dem Schauplatze der amerikanischen Revolution, nach New-York gereist. Er hatte seine geringe Baarschaft in englischen Waaren angelegt, welche er mit Recht glaubte in pen vereinigten Staaten gut verwerthen zu können. In der Cheasepeak-Bay vertauschte er sie gegen Pelzwerk, welches er in London mit reichem Gewinn verkaufte, und kehrte nach Amerika zurück, um sich daselbst niederzulassen. Er betrieb den Handel mit Kenntniss, Geschick und Eifer; wenn ihm auch mancher Plan misslang und er mit vielen Schwierigkeiten zu kämpfen hatte, so wurde er doch endlich einer der berühmtesten und reichsten Kaufleute Amerikas. Als die Mackinaw-Compagnie ihm grosse Hindernisse in den Weg legte, und er glaubte, dass eine Compagnie jener am besten entgegentreten könne, bildete er 1809 mit Genehmigung des Staates New-York eine Gesellschaft mit einer Million Dollars Anlage-Capital und übernahm alle Actien derselben selbst, so dass er allein die Compagnie war. Besser als dieses Unternehmen wirkte der im Jahre 1811 vollzogene Ankauf der Actien der Mackinaw-Compagnie, wodurch letztere zu existiren aufhörte, und unter Verschmelzung mit der seinigen von nun an Südwest-Compagnie von ihm genannt wurde. 1810 unternahm er die Gründung einer Niederlassung am Columbia-Flusse und bildete zu dem Zwecke die Compagnie des Pelzhandels am stillen Ocean. Er bestritt selbst die Ausrüstung im Belaufe von 400,000 Dollars und sandte im September 1810 ein Schiff ab, welches im März 1811 anlangte, und auf der Landzunge, die Georgspitze, den Hauptposten unter dem Namen Astoria gründete. Dieses Unternehmen wurde jedoch nicht mit Glück gekrönt; die Nordwest-Compagnie feindete es an; das Schiff Tonquin wurde auf einer nördlichen Pelz-Expedition bei der Insel Vancouvers von den Eingeborenen überfallen, die Mannschaft ermordet, von einem Uebriggebliebenen das Schiff aber in die Luft gesprengt. Eine Land-Expedition, im Juni 1810 von Astor abgeordnet, erreichte nach langen Leiden Astoria erst im Februar 1812. Ein von ihm zu Hülfe gesandtes Schiff scheiterte an den Sandwichs-Inseln. Im October desselben Jahres zeigte sich in Astoria eine bewaffnete Schaar, welche die Besatzung zwang, die Niederlassung mit allen Waaren für ein Drittel des Werthes ihr zu verkaufen; endlich kam im December ein englisches Kriegsschiff, durch dessen Commandanten Astoria in „Fort George" umgetauft wurde. Astor blieb dessen ohngeachtet reich, und sein von seinen Nachkommen fortgeführtes Haus besass noch vor wenigen

Jahren am Mississippi 49 Forts, von welchen aus der Handel mit den Indianern betrieben wurde. Es haben sich in der Zwischenzeit noch andere Compagnien in den vereinigten Staaten und in Canada gebildet, sind aber theils wieder erloschen, so dass gegenwärtig der Pelzhandel dieser Länder sich grösstentheils in den Händen einzelner mächtiger Handelshäuser befindet.

Deutschland.

In älterer Zeit haben die Deutschen vermuthlich nicht nur das viele Pelzwerk ihres noch heute in dieser Production so reichen Landes selbst verbraucht, sondern sie haben auch noch von den Schweden und den Russen ausländische kostbare Felle gekauft. Das Nibelungenlied aus dem 11. Jahrhundert sagt von vielerlei Pelzschmuck, als: Hermelin und Zobel und dergleichen Kleider, von Hüten von Zobel, von einem Kleide von buntgefleckten (schwedischen) Luchsen u. dgl. Dem Stifte Meissen wurde in der ersten kaiserlichen Schenkung vom Jahre 983 u. a. der Pelzzehnten überwiesen. Wir sehen ferner an den Gemälden und Portraits der Deutschen Fürsten und Grossen der Vorzeit, dass sie fast immer reich in Pelz gekleidet waren; das Gewerbe der Kürschner mit seinen Privilegien datirt von älterer Zeit, als die Begründung der Hansa. Die Probearbeiten (Meisterstücke) im Süden und Osten Deutschlands mussten von Lamm-, Marder- und Fuchsfellen, die im Norden und den meisten der Hansa angehörigen Städten vornehmlich von Feh (Russische Eichhörnchen) gefertigt werden. Den Handel mit Russischem Pelzwerk in Deutschland beweist auch eine Verordnung des Magistrats zu Lübeck vom Jahre 1603, in welcher es wörtlich heisst:

IV. Soll kein Pelzwerk oder andere Waare einzeln gekauft werden.
V. Grauwerk soll zu 50, 250 bis 1000 Stück gekauft werden.
VI. Die Marder, von denen 25 Stück zusammen verkauft werden, sollen zuerst sortirt, jede Art besonders gethan, und dann der Handel gemacht werden.
VII. Gute Hermeline sollen zu 25 Stück gekauft werden, die geringen und schlechten sollen in besondere Pakete gethan werden.

Von dem Umfange des damaligen Handels ist nichts bekannt geblieben, auch haben Russische Kriege, sowie der Ausbruch des dreissigjährigen Krieges und die 1630 erfolgte Auflösung der grossen Hansa, den Handel Deutschlands hundert Jahre lang in Stocken gebracht. Erst seit der letzten Hälfte des vorigen Säculums zeigt der internationale Pelzwaarenhandel in Deutschland neues Leben. Breslau und Gr. Glogau wurden wieder Hauptmärkte für Russische Rauchwaaren, besonders für Krimmsche Lammfelle und Grauwerk, Lübeck und Hamburg bezogen auf's Neue Sibirische, Nordische und Isländische Waaren von Russland und Scandinavien. Auf den Messplätzen und besonders in Leipzig concentrirten sich die Producte Deutschlands, Ungarns, Polens und Russlands; der Handel mit Amerikanischen Waaren gewann mehr und mehr an Umfang. England kaufte Russische Felle von Deutschen Kaufleuten und Letztere in England Amerikanische Pelzfelle. Im ersten und zweiten Decennium unseres Jahrhunderts gewann der Messhandel an Lebhaftigkeit, Amerikanische und Deutsche Waaren nahmen ihren Weg regelmässig über Leipzig nach Russland, wohin Brody in Gallizien und später Sklow in Westrussland die, grösstentheils prohibirte, Einfuhr vermittelte. Auch besuchten die Messen Griechische Kaufleute, welche Amerikanische und Deutsche Waaren für die Türkei einkauften. Dieser Handel wurde jedoch in Folge des Griechisch-Türkischen Krieges, 1821 bis 1830, fast zehn Jahre lang unterbrochen. Andrerseits bezogen Finnländische Kaufleute in den Jahren 1825 bis 1835 viele Deutsche Füchse und Fischottern von Lübeck und Hamburg. Deutsche Häuser betheiligten sich stark bei den enormen Exporten von England nach Russland und China im Jahre 1814, obwohl zu ihrem grössten Nachtheil. Von 1820—1840 wurden Deutsche Felle von Mardern und Iltis und sibirische Feh besonders für England gesucht; in den letzten 20 Jahren haben die ersteren dieser Pelzgattungen vornehmlich ihren Zug nach Amerika genommen. Der Handel mit Russischen und Amerikanischen Rauchwaaren in Deutschland, wiewohl bis zur Zeit fast nur Zwischenhandel, ist von jeher immer in Deutschen Händen geblieben. Wir sind in den letzten Jahren einen Schritt weiter gekommen: Deutsche Kaufleute sind jetzt nicht blos in England ansässig, sondern sie haben auch ihre eigenen Verkaufcomptoire in Russland und Commanditen in Amerika, wodurch sie den internationalen Pelzhandel direct betreiben und den Engländern den Vorrang streitig machen. Ausführlicher sprechen wir darüber beim Betrieb des Handels.

Betrieb des Rauchwaarenhandels.

Der amerikanische Rauchwaarenhandel.

Bei der Beschreibung des Handelsbetriebes wenden wir uns zuerst nach Ruppertsland, dem Districte, wo die Hudsonsbay-Compagnie bis auf den heutigen Tag durch Monopol und Alleinhandel den Geschäftsbetrieb in ursprünglicher Art beibehalten hat. In diesem Territorium, grösser als Europa, existirt kein Geld, es ist verboten. An der Küste, an den Flüssen und an sonst geeigneten Plätzen im Innern des Landes hat die Compagnie Festungen, kleine Forts und Ansiedelungen gegründet; die bedeutendsten sind Fort-York, -Moose, -Makenzie River, -Grand Whale River, -Red River und im Westen Vancouvers Island. An diesen Orten hält sie ihre Comptoire und Lager von europäischen Waaren, die den Indianern angenehm, nützlich und nothwendig sind, z. B. Flinten, Pulver, Bleikugeln und Schrot, Feuersteine und Feuerstahl, Aexte, Messer, Feilen, Taback, Dosen, Brenngläser, Hornkämme, Pfriemen, Messingknöpfe, Messing-Fingerringe, Thonpfeifen, kleine Spiegel in Papier gefasst, kleine Glasperlen, wollene Decken und Wamse, Hosen, baumwollene Hemden, Tücher, rothe Farbe und Rum.

Mit solchen Artikeln und mit Vorräthen und Lebensmitteln für den eigenen Bedarf beladen, schickt die Compagnie jährlich zwei Schiffe nach der Hudsonsbay, eines nach Canada und eines nach der Vancouvers-Insel, während durch mehrere kleinere Schiffe der Küstenhandel betrieben wird. Zu den Niederlassungen der Compagnie, den einzigen Orten in dem weitausgedehnten Lande, wo etwas Cultur herrscht, kommen die Schaaren der Indianerstämme. Diese haben mit den Waaren, welche sie bringen, weite Landstrecken zu durchziehen und Beschwerden mancher Art zu bestehen. Mit leichten Böten aus Birkenrinde passiren sie Seen und Flüsse und sind genöthigt, an Passagen, wo sich kein schiffbares Wasser ihnen darbietet, Tragplätze genannt, neben ihren Waaren auch noch ihre Fahrzeuge zu tragen. Nicht viel minder grosse Beschwerden bieten sich den Agenten der Compagnie bei dem Transporte der zum Tausch bestimmten Artikel durch diese öden Distrikte zu ihren Comptoirs, Forts und Niederlassungen. — Die Vorräthe, welche die Indianer dahin liefern, bestehen aus trockenen, sorgfältigst behandelten* Pelzfellen von Bibern, Bisam, Bären, Zobeln, Silber-Füchsen, Kreuz-Füchsen, rothen Füchsen, Weiss-Füchsen, Luchsen, Nerzen, Ottern, Wolfs-, Vielfrassfellen und Büffelhäuten. Gegen diese tauschen sie jene Sachen ein, welche, obwohl in Europa wohlfeil, doch Kostbarkeiten für sie sind. Bei Ankunft einer Indianerschaar wird das Brückenthor geöffnet, nur der Häuptling mit einer kleinen Anzahl seiner Leute eingelassen und der Handel laut nachstehendem Tarif mit ihnen abgeschlossen.

(Siehe Seite 16 Tauschtarif.)

Anzuerkennen ist, dass die Compagnie bisher vielen Indianerstämmen keinen Rum oder Branntwein** gegeben, und zu diesem, bei jener Nation alles überwältigenden Tauschmittel erst dann gegriffen hat, wenn sie durch Concurrenz anderer Compagnien dazu gezwungen worden ist.

Von den mehr als fünfzig Indianerstämmen, über welche die Compagnie herrscht, sind zwar die meisten entweder geistlos und träge, oder tückisch und rechnen sich List, Diebstahl, Mord und Brand als Verdienst an; doch sind auch einige Stämme milderen Charakters und zeichnen sich durch die Eigenthümlichkeit aus, weder zu stehlen, noch zu lügen, und unter keiner Bedingung Branntwein zu trinken; unter letzteren die Flachköpfe am Felsengebirge.

* Die Indianer verstehen die rohen Felle besser, als selbst unsere Jäger zu behandeln. Sie blasen durch Federspulen die Haut vom Fleische los, so dass sie leicht, rein und ohne Zwischenhaut sich abstreifen lässt, sie spannen das Fell vortheilhaft auf und bestreichen es oft auch mit wohlriechenden Ingredienzen.

** Branntwein „Fire water" den Indianern gegenüber genannt, veranlasst diese, alle ihre Habe, selbst Weib und Kind, herzugeben; und wenn sie erfahren, dass ein Schiff an der Küste liegt, welches solchen Nectar birgt, so kommen sie in Schaaren, um ihre kostbarsten Vorräthe dagegen anzubieten.

Tauschtarif
zwischen der Hudsonsbay-Compagnie und den Indianern.

Kosten-preis.	Gegenstände des Tausches.	Biber.		Zobel.		Silber Füchse.		Luchse.		Ottern.	
		Zahl	Werth	Zahl	Werth	Zahl	Werth	Zahl	Werth	Zahl	Werth
s. d.			£ s.		£ s.		£		£ s		£ s. d.
22. —	1 Flinte . . .	20	12. —	60	66. —	5	50	20	12. —	20	23. 10. —
— 1½	1 Maas Pulver .	1	— 12	3	3. 6	—		1	— 12	1	1. 3. 6
— 1¼	18 Bleikugeln	1	— 12	3	3. 6	—		1	— 12	1	1. 3. 6
— 1	8 Schrotladungen	1	— 12	3	3. 6	—		1	— 12	1	1. 3. 6
— 1	10 Feuersteine .	1	— 12	3	3. 6	—		1	— 12	1	1. 3. 6
1. 6	1 Axt	3	1. 16	9	9. 18	—		3	1. 16	3	3. 10. 6
12. —	1 Kupferkessel .	16	9. 12	48	52. 16	—		16	9. 12	16	18. 16. —
— 2	1 Feuerstahl . .	1	— 12	3	3. 6	Ein Silberfuchs wird für 4 Biberfelle gerechnet.		1	— 12	1	1. 3. 6
— 4	1 Scalpirmesser .	1	— 12	3	3. 6			1	— 12	1	1. 3. 6
— 6	1 Feile	2	1. 4	6	6. 12			2	1. 4	2	2. 7. —
— 9	1 Tabacksbeutel nebst Brennglas	2	1. 4	6	6. 12			2	1. 4	2	2. 7. —
— 2	1 Hornkamm . .	1	— 12	3	3. 6			1	— 12	1	1. 3. 6
— 2½	8 Pfriemen . .	1	— 12	3	3. 6			1	— 12	1	1. 3. 6
— 3½	12 Messingknöpfe	1	— 12	3	3. 6			1	— 12	1	1. 3. 6
— 3	15 Messingringe .	2	1. 4	6	6. 12			2	1. 4	2	2. 7. —
— 1	6 Thonpfeifen .	1	— 12	3	3. 6			1	— 12	1	1. 3. 6
— 4	1 kleiner Spiegel	1	— 12	3	3. 6			1	— 12	1	1. 3. 6
— 10	1 Pfd. Glasperlen	6	3. 12	18	19. 16			6	3. 12	6	7. 1. —
— 3½	6 Unzen Taback	1	— 12	3	3. 6			1	— 12	1	1. 3. 6
5. 9	1 einf. Wolldecke	10	6. —	30	33. —			10	6. —	10	11. 15. —
7. —	1 gestreifte „ .	12	7. 4	36	39. 12			12	7. 4	12	14. 2. —
12. —	1 Matrosenrock .	12	7. 4	36	39. 12			12	7. 4	12	14. 2. —
5. 3	1 Knabenrock .	5	3. —	15	16. 10			5	3. —	5	5. 17. 6
— 2¼	6 Ellen Band . .	1	— 12	3	3. 6			1	— 12	1	1. 3. 6
6. 6	1 Paar Hosen .	9	5. 8	27	29. 14			9	5. 8	9	10. 11. 6
1. 9	1 baumwoll. Hemd	3	1. 16	9	9. 18			3	1. 16	3	3. 10. 6
— 4¾	1 Tuch	1	— 12	3	3. 6			1	— 12	1	1. 3. 6
— 3	1 Unze rothe Farbe	1	— 12	3	3. 6			1	— 12	1	1. 3. 6
— 4	1 Maas Rum . .	1	— 12	3	3. 6			1	— 12	1	1. 3. 6

Ungeachtet des anscheinend grossen Gewinnes (denn die Compagnie giebt nach dem Tarif durchschnittlich nur den zwanzigsten Theil des Verkaufspreises für die Felle) und ungeachtet des grossen Umsatzes, der zwei- bis dreimalhunderttausend Pfund jährlich beträgt, ist doch der Handel der Compagnie lange Jahre hindurch nicht einträglich gewesen, und erst seit den letzten vierzig Jahren ist etwas mehr als 10 Proc. jährlicher Gewinn für das Actiencapital erwachsen. Die Verkaufs-Comptoire der Compagnie sind Montréal in Canada für die Büffelhäute und London für den Vertrieb aller feinen Pelzfelle. Dieselben werden gewöhnlich sorgfältig und musterhaft nach Qualität, Schönheit, Farbe und Werth sortirt und in drei jährlich wiederkehrenden Auctionen verkauft. Die Biber- und Bisamfelle aus den Ländern östlich vom Felsengebirge gehören der Januar-Auction an; alles andere feine Pelzwerk von ebendaher den März-Auctionen, und sämmtliche Waaren des Oregon-Gebietes, die durch ihre Niederlassung auf Vancouvers Island ihr zugehen, der September-Auction.

(Siehe die statistischen Listen Seite 18, 19, 20, 21, 22.)

Die von der Hudsonsbay-Compagnie zum Verkauf gebrachten Waaren sind Partie- oder Loosweise in einem Cataloge verzeichnet, und liegen zehn Tage vor der Auction zur Ansicht aus, wo sie, von den Käufern, unterstützt durch die zahlreichen Diener* der Compagnie, geprüft und geschätzt werden können.

* Die Diener, „Warehousemen" der Compagnie bestehen grösstentheils aus ehemaligen Schiffsleuten und Anderen, die längere Zeit im kalten unwirthbaren Norden im Dienste der Gesellschaft gestanden haben; sie sind fast alle schwach und kränklich und haben das Aussehen, als ob ihr Blut und ihre Säfte einst erfroren gewesen wären. Freilich ist das englische Volk nicht wie das russische gewohnt, gegen Kälte sich durch Kleidung zu schützen.

Einfuhr-Liste
der Hudsonsbay-Compagnie für die Frühjahrs-Auctionen 1864.

	YF. & MK. R.*	MR. & EM.	Canada. SD.	Canada. GR. KP. M. LH.	Total.
Biber	53971	26619	5326	23475	109391
Bären . .	3341	482	166	273	4262
Bisam	297382	48115	18279	56380	420156
Virg. Iltis . . .	2286	556	644	631	4117
Silber-Füchse . .	331	100	9	3	443
Kreuz- „	1190	256	52	38	1536
Rothe „ . .	3155	521	55	567	4298
Weisse „ . .	9070	3269	—	—	12329
Kitt- „ . .	2413	—	—	—	2413
Luchse	1443	1356	242	1051	4092
Ottern	6122	3733	988	1773	12616
Schuppen . . .	94	—	—	410	504
Zobel	58486	19478	4537	6256	88757
Nerze	26558	5376	2967	5870	40771
Skunks	1133	1216	36	41	2426
Wölfe	7614	7	—	13	7634
Vielfrasse . . .	809	37	6	2	854
Seehunde . . .	.28	1178	—	—	1206
Dachse	1122	—	—	—	1122
Kanin	2157	37293	—	—	39450

Biber und Bisam kommen im Januar zum Verkaufe, alle übrigen Artikel im Februar und März.

* YF. heisst York Fort, MK. R. Makenzie River, MR. Moose River, EM. East Maine, SD. South-District, GR. Grand River, KP. Kingspost, M. Maine, LH. Lake Huron.

Einfuhr-Liste
der Hudsonsbay-Compagnie für die Frühjahrs- und Herbst-Auctionen in London 1863.

	Frühjahrs-Einfuhr.				Herbst-Einfuhr.	Total-Einfuhr.
	YF. & MK.R.	MR. & E.M.	Canada. SD.	Canada. GR. KP. M. L.H.	North-West Coast.	
Biber . . .	48490	43790	5219	17812	18604	113915
Bisam . . .	251239	51072	11091	34355	9147	356904
Bären . . .	2692	509	99	323	3608	7231
Virgin. Iltis .	3016	781	811	476	980	6064
Silber-Füchse .	. 319	102	25	5	139	590
Kreuz-	1196	241	93	28	354	1912
Rothe ,,	5060	425	107	441	368	6401
Weisse ,,	2950	299	—	2	—	3251
Kitt- ,, .	5452	—	—	—	—	5452
Luchse . . .	1606	1299	264	928	512	4609
Ottern . . .	5018	3756	868	1694	1826	13162
Seeottern . .	—	—	—	—	128	128
Schuppen . .	23	4	—	309	3476	3812
Zobel . . .	40100	12526	3595	5379	17186	78786
Nerze . . .	13258	4641	1917	4847	19104	43767
Skunks . . .	992	916	41	20	—	1969
Wölfe . . .	3290	9	—	27	589	3915
Vielfrasse . .	863	27	4	6	514	1414
Dachse . . .	1371	—	—	—	172	1543
Kanin . . .	252	18530	—	—	—	18782
Seehunde . .	27	1254	—	112	15950	17343

Verkaufs-Liste
der Hudsonsbay-Compagnie zu den Auctionen in London 1729 und 1829 nebst den Verkaufspreisen von 1863.

	Quantum 1729.	Verkaufspreise. in engl. Valuta.	Quantum 1829.	Verkaufspreise. (nur Frühjahr.)	Verkaufspreise Frühjahr 1863.
		pr. Pfd.		pr. Pfd.	pr. Pfd. $3/_2 - 11/_2$
Biber . . .	62160	$4/ - 6/_6\, d$	30248	$10/ - 45/_3\, d$	$=$ pr. St.
		pr. Stück.		pr. Stück.	$1/_6 - 16/_1$
Zobel . . .	12480	$5/_8 - 10/$	82268	$2/_6 - 16/_8$	$4/_5 - 60/_3$
Ottern . . .	340	ca. $4/_4$	10860	$7/_6 - 26/$	$7/ - 45/_9$
Luchse u. Katzen.	560	$20/_2 - 30/$	11680	$3/_2 - 14/_1$	$5/_6 - 16/_8$
Silber-Füchse .	—	—	186	$20/ - 174/$	$25/ - £\,33.5/$
Kreuz- „ .	—	—	461	$15/ - 47/$	$10/_3 - 130/$
Rothe „ .	130	$7/ - 11/$	1602	$3/ - 9/_7$	$4/_4 - 19/$
Weisse „ .	—	—	443	$3/_1 - 8/_5$	$2/ - 9/_4$
Kitt- „ .	—	—	4800	$1/_5 - 1/_6$	$3/_{11} - 4/_7$
Vielfrasse . .	330	$10/ - 11/$	381	$3/_{11} - 6/_9$	$8/_6 - 14/_4$
Wölfe . . .	140	$6/_{10} - 25/_4$	1358	$5/_1 - 25/$	$3/_8 - 49/$
Bären, schwarze.	340	$8/_2 - 15/$	—	$4/ - 48/_3$	$10/_3 - 130/$
„ braune.	—	—	—	$5/ - 55/_6$	$5/_9 - 121/$
„ graue .	—	—	—	$5/ - 30/_3$	$9/ - 41/$
Nerze . . .	—	—	14479	$1/_2 - 3/_9$	$7/_2 - 18/_6$
Virgin. Iltis .	40	$9/_{10}$	—	—	$2/_6 - 36/_6$

Einfuhr der Hudsonsbay-Compagnie in London
in den Jahren 1723 bis 1728
verglichen mit dem Quantum von 1863.

Jahr.	Artikel.	Frühjahrs-Auctionen.	Herbst-Auctionen.	Total.	Preis in engl. Valuta.
1723	Biber	39614	19330	58944	$4s - 5s\,8d$ pr. ℔.
1724	do.	36240	15320	51560	$5s\,2d - 6s\,6d$ pr. ℔.
1725	do.	21190	17890	39080	$4s\,2d - 5s\,10d$,, ,,
1726	do.	39600	19050	58650	$3s\,2d - 7s\,8d$,, ,,
1727	do.	29490	22090	51580	$3s\,4d - 7s\,2d$,, ,,
1728	do.	23130	31540	54670	$4s\,8d - 6s\,6d$,, ,,
					höchster Preis:*
1863	Biber	95311	18604	113915	$16s\,1d$ pr.St. $= 11s\,3d$ pr.℔.
1726	Zobel	—	5680	5680	höchster Preis $10s$ pr. St.
1727	do.	—	5940	5940	,, ,, $7s\,10d$,, ,,
1728	do.	—	9520	9520	,, ,, $7s$,, ,,
					höchster Preis:
1863	Zobel	61600	17186	78786**	$60s\,3d$ pr. St.

* Der höchste Preis, der jemals für Biber gezahlt wurde im Jahre 1814 war 58 s pr. Pfd. (Siehe noch Seite 82.)

** Im Jahre 1856 führte die Hudsonsbay-Compagnie die grosse Anzahl von 179186 Stück Zobel in England ein.

Einfuhren von Rauchwaaren durch die Hudsonsbay-Compagnie in London, in verschiedenen Zeiträumen zwischen 1844 und 1863.

	1844	1848	1851	1853	1856	1861	1863
Schuppen	1663	2090	1598	1140	1257	2846	3812
Bären	6024	6086	6128	7421	9141	7427	7231
Biber	38939	36563	50635	55435	72454	105866	113915
Bisam	545011	254753	194502	493804	258791	205591	356904
Zobel ..	72819	150785	64352	72454	179186	74660	78786
Nerze	25700	38103	27705	25079	61332	31018	43767
Ottern ...	6703	6616	8916	8950	13740	13195	13162
See-Ottern ..	234	195	79	174	278	102	128
Virg. Iltis ..	4471	5324	6276	5831	5168	5848	6064
Silber-Füchse .	540	999	523	824	602	1051	590
Kreuz- „ .	1604	3100	1944	2255	1838	3335	1912
Rothe „ .	4211	7573	5517	6764	7268	8846	6461
Weisse „	1901	2883	899	3929	10267	5057	3251
Kitt- „ .	1391	5780	1603	2552	3370	2532	5452
Luchse & Luchskatzen ...	8199	31747	20678	5497	11614	15236	4609
Wölfe	12039	11249	9713	8470	7546	6009	3915
Vielfrasse ..	1087	908	1377	1250	1103	1394	1414
Skunks ...	—	—	572	1586	892	1149	1969
Seehunde ..	1566	150	—	1208	4804	17025	17343

* Im Jahre 1849 wurden 47,623 Stück, 1850 43,232 Stück Luchse von der Compagnie in London eingeführt.

Bei den Auctionen steht der Makler der Compagnie auf einem erhöhten Catheder; vor demselben sitzt an einem niedern grünen Tische der Gouverneur mit dem Hammer, neben ihm einige Directoren. Die Käufer, deutsche und englische Rauchwaarenhändler, Russen, Franzosen und andere, sitzen, Catalog und Feder zur Hand, jenen gegenüber auf erhöhten Bänken, so dass alle von dem Catheder aus gesehen werden können. Der Makler sagt: Meine Herren, 12096 Otter; meine Herren, Lot 1, 53 Stück; meine Herren, voriges Jahr gaben Sie 25 Shilling; meine Herren, soll ich denselben Preis sagen, oder fangen Sie an mit 23? Ein Blick von einem bekannten Käufer dem Makler zugeworfen, gilt für ein Angebot, bei jedem von andern Käufern nachfolgenden Blicke legt der Makler 3 Pence zu, er ruft dann: 23 Shilling, 23½, 23/6, 23/9 u. s. w., eine Stimme aus den Käufern erschallt mit 26/-! Oho, heisst es, die Gebote werden lebhafter und rascher 27/-, 27/3, 28/-, 28/6, 29/-, 29/6. — Niemand mehr? Zum ersten — zum andern — „30" ruft eine Stimme, — bis endlich, nachdem bei einem Gebot der Makler: „Zum dritten und letzten Male!" ausgerufen hat, der Gouverneur durch einen Hammerschlag den Kauf bestätigt.* Wenn nun eine Reihe gleicher Loose zum Verkauf ausgeboten sind, so kommt es oft vor, dass mehr oder weniger hohe Preise für die einzelnen Loose bezahlt werden; der Unterschied beträgt oft 5, 10, 15 auch 20 Procent und mehr. Der Kaufpreis muss bei Empfang der Waare und jedenfalls in Monatsfrist baar bezahlt werden.

* Es ist eine altmodische Auctionsweise, die bisher bei den Verkäufen der Hudsonbay-Compagnie beliebt geblieben ist; bei andern in London stattfindenden Auctionen bleibt das: „Zum ersten, andern, und dritten Mal!" weg; es sagt der Makler nur: Niemand mehr? oder er lässt auch diesen Ausdruck weg, betont das höchste Gebot, und wenn er keine Mehrbietenden sieht, schlägt er, den Hammer selber führend, zu.

Der Handel in Canada und den Vereinigten Staaten.

In Canada und im Norden der Vereinigten Staaten, wo ausser den Indianern auch europäische Ansiedler und Amerikaner mit dem Fange des Pelzwildes sich beschäftigen, wo Geld als Kaufmittel und Werthzeichen besteht und der Verkehr frei ist, wird der Handel theilweise in andrer Art betrieben. Auch hier haben wohl die verschiedenen Compagnien Forts an den Grenzen der von Indianerstämmen bewohnten Länderstriche nördlich von St. Louis und an den Ufern des Missouri, doch können bei hier stattfindender freier Concurrenz Indianer, Jäger Trapper * ihre Waaren verkaufen, an wen sie wollen. An den Seen im Norden, in Michigan, Wisconsin, Illinois, Indiana und Ohio haben New Yorker Handelshäuser permanente Agenturen, welche contractliche Lieferungen mit den Indianer-Chefs abschliessen, oder die Felle von den Kleinhändlern ankaufen.

Die kleinen Kaufleute und Waarenhändler in allen Städten und Flecken des Innern der Vereinigten Staaten führen zum Verkaufe Gegenstände der verschiedensten Art, — fast Alles, was in diesen Gegenden gebraucht werden kann; dagegen beschäftigt sich wieder fast ein jeder mit dem Einkauf aller Erzeugnisse des Landstriches; auch von ihnen kaufen die grossen Handlungshäuser.

Die Pelz-Compagnien oder die grösseren Handlungshäuser senden die amerikanische Waare entweder nach London, nach Leipzig oder auch nach New-York, von welchem letzteren Platze sie, in andere Hände übergegangen, auch entweder an Commissionshäuser und Makler nach London, oder nach Leipzig an Rauchwaarenhandlungen versandt wird. Von

* Trapper d. i. Fallensteller. Von dem englischen trap, oder dem französischen trappe — Falle.

den Londoner Maklern werden die Waaren mehr oder weniger gut sortirt und in zwei oder dreimal jährlich wiederkehrenden grossen Auctionen, gewöhnlich im Anschlusse an die Auction der Hudsonsbay-Compagnie, verkauft. Eines der grossen Londoner Commissionshäuser, welches seit 32 Jahren den grössten Theil der Waaren empfangen hat, ist das von C. M. Lampson*, eines viel Organisationsgeist besitzenden und energischen Mannes.

Derselbe pflegt das Quantum in mehrere Auctionen einzutheilen, und oftmals selbst, wenn er eine Ueberfüllung des Marktes fürchtet, Waaren jahrelang aufzusparen. Wird nun durch das lange Lagern die Waare einestheils unscheinbar, und müssen andererseits die Eigenthümnr lange Zeit auf vollständige Abrechnung warten, und ist es unmöglich, dass ein Londoner Haus, welches für Export-Waaren kaum 30 Käufer hat, den Markt so beurtheilen kann, wie ein Leipziger Haus, welches deren fünfhundert besitzt, so ist es auch hauptsächlich vielen Amerikanern klar geworden, dass durch die Kosten des Londoner Zwischenhandels, welche mehr denn 10 Procent betragen, die Waare um ebensoviel theurer wird. Dieses und die Sorg-

* Curtis Miranda Lampson wurde vor 33 Jahren als 22jähriger mittelloser Mann von der Südwest-Compagnie, der Nachfolgerin Astor's, nach London gesandt, um die zu den Auctionen gesandten Waaren zu überwachen. Nach seinen Berichten über die unordentliche Haltung der Waaren wurde der grösste Theil derselben streng limitirt und zurückgekauft; und da sie nach den damaligen Entrepot-Einrichtungen nicht von einem Londoner Waarenhaus nach dem andern verlegt werden durften, so wurden die Waaren nach New-York zurück und dann wiederum an C. M. Lampson nach London verschifft, welcher inzwischen durch Vereinbarung mit Londoner Bankhäusern und einem sehr reichen Makler in den Stand gesetzt worden war, die erforderlichen Vorschüsse zu leisten. C. M. Lampson ist reich geworden, er besitzt etwa 400,000 £ und hat neuerdings als Theilnehmer der International-Financial-Society, welche die Hudsonsbay-Compagnie an sich kaufte, es dahin gebracht, Deputirter Gouverneur bei dieser zu werden.

falt der Leipziger Handlungshäuser haben, zum grossen Theil erst in den letzten Jahren, dem Waarenzug eine directe Richtung gegeben. In Leipzig wird die Waare nach Platzusanzen verkauft; mehr darüber folgt weiter unten.

(Siehe Seite 27: Liste der Einfuhr von Rauchwaaren etc.)

Die grossen Handelsplätze der Vereinigten Staaten und Canadas importiren auf der andern Seite grosse Quantitäten russischen und deutschen Pelzwerkes. New-York, Philadelphia, Boston und Montréal wollen in Mode und Luxus den Hauptstädten Europa's nicht nachstehen, und es sind unsere einheimischen Edelmarder, Steinmarder und Iltisse in den letzten Jahren in Folge des Absatzes nach Amerika um mehr als das Doppelte theurer geworden. Man verbraucht viel französische und polnische Kaninchenfelle, viel sibirische Eichhörnchen, die in Deutschland zubereitet sind, auch Hermelin, gute russische Zobel und von den eigenen Producten eine grosse Anzahl guter amerikanischer Zobel, und seit den letzten Jahren die meisten Nerze.

Einfuhr

von Rauchwaaren von den nord-amerikanischen Freistaaten in London in verschiedenen Zeiträumen zwischen 1844 und 1863.

	1844.	1848.	1851.	1853.	1856.	1861.	1863.
Schuppen .	420759	419448	545370	506745	434493	525627	462156
Bären . .	6062	3661	3470	2860	3243	2027	3368
Biber . .	151	279	288	11566	12144	7601	21880
Bisam . .	213971	225775	723968	1266261	919099	1611357	1726202
Zobel . .	30311	38922	16837	14869	14616	16155	20388
Nerze . .	101666	189962	197357	179684	59915	69049	26998
Ottern . .	5846	4442	3854	2994	4929	8121	6481
See-Ottern	81	81	—	44	275	269	219
Virgin-Iltis .	5370	5066	4810	3485	2655	3284	2741
Silber-Füchse	980	422	311	337	821	599	314
Kreuz „	2739	2070	1394	1514	1930	1464	1072
Rothe „	47313	33748	31346	43372	33841	27959	37518
Weisse „	1382	508	570	689	3251	2417	35
Kitt „	728	3640	—	2711	—	4951	4680
Gris „	6167	8217	18339	17882	19971	25373	13496
Luchse . .	3852	598	8463	1002	1101	2056	3137
Luchskatzen	1914	2826	9516	5059	8171	8174	5272
Wölfe . .	375	—	—	—	—	795	1111
Opossum .	—	—	—	14334	83807	51217	57489
Skunks .	—	—	—	—	—	73333	86348

Von Süd-Amerika.

Chinchillas.	114490	56588	99238	42694	92117	52033	36066

Der plötzliche Ausfall einiger Artikel, hauptsächlich der Nerze, in den letzten Jahren, hat seinen Grund in der Zunahme des Verbrauchs dieser Gattungen im Productionslande, Amerika, selbst.

Der russische Rauchwaarenhandel.

Es liegen uns hier officielle Nachrichten vor, wie unter Wasiliewitsch I. († 1505) ein Streifzug nach Sibirien bis an den Ob ohne Erfolg blieb, und wie erst unter Wasiliewitsch II. es Russland gelang, dort seine Herrschaft zu begründen, durch Züge, welche den Pelzhandel zu Folge hatten, oder, richtiger, durch denselben veranlasst wurden, denn man nöthigte die bezwungenen Tartarenhäuptlinge zu einem jährlichen Tribut von tausend oder mehr Zobelfellen. Von den sibirischen Gouvernements Tobolsk, Tomsk, Jenisseisk, Irkutsk, Jakutsk, Ochotsk und Kamtschatka werden der russischen Regierung noch alljährlich Zobel-, Kolinsky- und Eichhörnchenfelle tributmässig geliefert. Sie bestehen in sehr guter Waare; das Beste davon wird für den eigenen Bedarf des kaiserlichen Hauses verwendet und in der Kaiserlichen Cabinets-Kürschnerei verarbeitet, die übrigen Waaren aber durch Auction verkauft.

Hiernächst ist der Handel der auch auf officieller Grundlage bestehenden Russisch-Amerikanischen Compagnie zu berühren. Die militairische Besatzung und die Gerichtsbarkeit der Festungen auf den Inseln Kodjack und Sitka und des Festlandes von Russisch-Amerika, wo diese Compagnie ihren ausschliesslichen Handel treibt, ist nicht Sache der Pelz-Compagnie, wie im Hudsonsbay-Lande, sondern wird von der russischen Regierung besorgt; doch chartert die Compagnie für sich Schiffe, welche den Eskimo's und Indianern allerlei nützliche Mittel zuführen, und dagegen die Felle von See-Ottern[*],

---

[*] Der einzige Artikel, dessen Einfuhr z. Z. (wie schon oben erwähnt wurde) prohibirt ist. Wie nachtheilig die Beschränkung für den Handel mit solchen Artikeln ist, beweist die Thatsache, dass die Compagnie viel Mühe mit dem Verkauf dieser Felle hat, dass sie gelegentlich dieselben zur Aus-

Fluss-Ottern, Bibern, Luchsen, Zobeln, Bären, schwarzen, Kreuz-, rothen und weissen Füchsen und besonders viel Pelz-Seehunden nach St. Petersburg zurückbringen. Hier wird die Waare je nach Ansicht des Gouverneurs und der Direction in Auction oder privatim verkauft. Einen Theil ihrer Waaren, unter diesen besonders See-Ottern und Biber, pflegt die Compagnie auch nach China zu senden.

Wir haben nun zu beregen den

Handel nach Kiachta.

Kiachta, russische Grenzstadt, gegenüber der chinesischen Stadt Maimatschin, wo der Handel mit China vermittelt wird; dahin führen russische, besonders moscowische Kaufleute mit Karawanen auf weiten Landreisen: Eichhörnchen, Otter, Biber, See-Otter, Pelz-Seehunde, Füchse, Luchse, Fuchs- und Luchspfoten, Katzen und eine grosse Anzahl Lammfelle, im Ganzen jährlich für etwa anderthalb Millionen Silber-Rubel, um dagegen Thee* einzutauschen.

Der Handel wird hier von russischen Regierungsbeamten überwacht, die den Preis der Pelzfelle gegenüber dem Preis

fuhr verkauft, in dessen Folge jedoch fast jedes Stück derselben auf verbotenem Wege wieder nach Russland eingeführt, und dann ein Gegenstand lebhafter Speculation wird. Auch die gegen 400 Stück See-Otterfelle, welche die Küste von Californien jährlich liefert, werden, ungeachtet des Verbots, fast alle nach Russland importirt.

* Der so eingetauschte Thee, Karawanen-Thee genannt, wird von den Kaufleuten nach dem europäischen Russland, besonders Mosco und St. Petersburg, zurückgeführt. Er wird für besser gehalten, und ist durch den weiten Landtransport viel theurer, als der Thee, welcher zur See von China ausgeführt wird, weil man annimmt, dass durch die Seereise der feine Geschmack leide. Uebrigens wird in Russland viel Thee verbrancht, der zur See nach England oder Hamburg gebracht und dann zu Lande eingeführt worden ist.

des Thees feststellen und vereinbaren, wohl auch die Chinesen veranlassen, solche russische Producte mitzukaufen, welche anzunehmen sie lieber verweigert hätten. Der Handel mit russischen Rauchwaaren nach Kiachta hat sich aber sehr vermindert, wogegen der Verkehr mit amerikanischen Rauchwaaren, Tuchen und andern Manufactur-Waaren dahin zugenommen hat.

Es wurden in Kiachta eingeführt:

	1824—1828.	1836—1840.
Russische Rauchwaaren für SR.	3,160,702.	2,561,454
Ausländische „ „ „	176,078.	323,283
Tuche und andere Waaren „ „	3,242,815.	5,464,683
zusammen SR.	6,579,595.	8,339,420.

(Siehe Seite 31 Einfuhr.)

Einfuhr

von russsischen Rauchwaaren in Kiachta in den Zeiträumen von 1817—1819 und 1841—1843.

	1817—1819.	1841—1843.
Lämmerfelle, russische, Stück	5806120	2468133
„ bucharische	—	143708
Eichhörnchen	16208205	5580715
Fisch-Otter, russische	22286	38634
„ fremde	—	15088
Biber	18975	30826
Hauskatzen	1726712	760186
Steppenkatzen	—	6168
Füchse, russische	381029	296438
„ fremde	—	99520
Luchse, russische	6762	7930
„ fremde	—	31652
Seebären	31119	28352
Hermeline	114850	327640
Bisamratten, russische	325465	41954
„ fremde	—	11524
Iltis	—	20359
Wölfe	—	3319
Vielfrasse	—	1807
Zobel	—	245

Der Handel auf den russischen Märkten (Messen) ist von grösstem Umfange und grösster Bedeutung; die Hauptmärkte sind der zu Irbit in Sibirien, und der zu Nischny-Nowgorod, östlich von Mosco an der Wolga. Zu dem ersteren Markte, welcher im Februar jeden Jahres, also in der kältesten Zeit des Winters stattfindet, wann die Russen just in ihrem Elemente sind, und der allein im Schlitten besucht wird, führen zunächst die Siberiaken und andere Tartaren ihre Producte aus der Nähe sowohl, als auch aus viele hundert Meilen weiten Strecken; sie bringen hauptsächlich Eichhörnchen, Hermelin, Kolinsky, weisse Füchse und Zobel, und was nach Irbit geführt wird, ist in der Regel die beste Winterwaare.* Als Hauptkäufer reisen zu diesem Markte andrerseits von Mosco und St. Petersburg aus russische und deutsche Kaufleute mit amerikanischen und russischen Waaren, welche in der Tartarei und China gesucht sind, unter andern hauptsächlich viel Otter- und Biberfelle dahin führend. Weil der Handel hier meistentheils nur per Cassa gemacht wird, müssen sie baares Geld und mehrstentheils Gold und Silber in ihrem Schlitten mitnehmen, wodurch die Reise um so beschwerlicher wird In ihren Schlitten führen die Asiaten ihre erhandelten Otternfelle etc. in ihre Heimath, und ebenso werden die für Russland gebrauchten Waaren alsbald nach Mosco befördert und die für das Ausland bestimmten über Mosco und St. Petersburg nach

* Die Schnelligkeit, mit welcher die Siberiaken ihre Waaren sammeln und befördern, ist erstaunlich. Während die Hudsonsbay-Compagnie ein bis anderthalb Jahre gebraucht, ehe sie ihre Waaren zum Londoner Markt bringt, die Winterwaare der Vereinigten Staaten Amerika's meistentheils erst im Mai und Juni nach New-York kommen und unsere deutschen Producte oft erst spät im April zu der Leipziger Ostermesse gebracht werden, haben die Siberiaken ihre Waaren sortirt und geordnet, und mittelst ihrer raschen Schlittenbeförderung schon im Februar zu Markte gebracht.

England oder nach Leipzig versandt. In letzterem Markte treffen sie, obwohl manchmal etwas spät, doch immer noch zur Ostermesse ein.

(Siehe Seite 34 Einfuhr-Liste.)

Der Nischnyer Markt.

An dieser, im Juli und August jeden Jahres stattfindenden Messe betheiligen sich die Rauchwaarenhändler von Mosco, St. Petersburg, Sklow, Wilna, Riga und vielen anderen Städten in grosser Zahl; auch wird sie von deutschen Kaufleuten besucht. Es werden hier asiatische, russsische, armenische, amerikanische, nordische und deutsche Waaren in Masse zugeführt, und die meisten Kaufleute sind Verkäufer und Käufer zugleich; auch wird hier ausser dem Handel mit direct zugeführter Waare viel Zwischenhandel und Kauf und Verkauf, nicht nur von unbereiteter, sondern auch von halb und ganz gefertigter Waare betrieben. Die Handelsusanzen sind willkührlich; es wird viel vertauscht, viel gegen baare Zahlung und mehr noch an bekannte Käufer auf Credit, zu theilweise langen Terminen verkauft.

(Siehe Seite 35 Einfuhr-Liste.)

Einfuhr russischer und sibirischer Rauchwaaren zu den Frühjahrsmessen in Irbit 1850, 1853, 1860 und 1863.

	1850	Durchschnittspreis	1853	Durchschnittspreis	1860	Durchschnittspreis	1863	Durchschnittspreis
Feh (Eichhörnchen):								
Saccamiroy . . . . Stck.	1200000	p. Stck. 17 Cop.	2800000	p. Stck. 17½ Cop.	200000	p. Stck. 25½ Cop.	500000	p. Stck. 22 Cop.
Jakutsky . . . . „	120000	„ 16 „	—	—	350000	„ 22 „	400000	„ 18 „
Lensky . . . . „	450000	„ 13 „	550000	„ 10 „	300000	„ 14 „	400000	„ 12 „
Obskoy . . . . „	600000	„ 11 „	650000	„ 10 „	800000	„ 8 „	100000	„ 11 „
Andre Sorten zusammen „	2250000	—	1775000	—	750000	—	100000	—
Summa „	3495000	—	3250000	—	2400000	—	1000000	—
Felschweife . . . . „	800000	p. Fd 22 R.	2250000	p. Fd 30 R.	2400000	p. Fd 36 R.	4000000	p. Fd 25 R.
Hermelin:								
Karabinsky . . . . „	22000	p. Stck. 40 Cop.	12000	p. Stck. 37½ Cop.	6000	p. Stck. 37½ Cop.	4000	p. Stck. 25 Cop.
Ischimsky . . . . „	30000	„ 33 „	20000	„ 33 „	20000	„ 33 „	12000	„ 24 „
Jakutzky . . . . „	16000	„ 20 „	4000	„ 12 „	20000	„ 12 „	8000	„ 16 „
Uebrige Sorten „	40000	—	12000	div.	10000	div.	6000	—
Summa „	108000	—	48000	—	56000	—	30000	—
Kolinsky . . . . „	24000	p. Stck. 1,15	16000	„ 75	40000	r.	7500	„ 1,30
Zobel:								
Bargasinsky . . . . „	200	„ 16 R.	—	—	400	„ 60 „	—	„ 18 R.
Jakutsky . . . . „	32000	„ 18 „	4500	„ 20 R.	1900	„ 20 „	1200	—
Amursky . . . . „	—	„ 10 „	1600	„ 9 „	6200	„ 11 „	—	—
Kamtschatsky . . . . „	3400	—	2000	„ 12½ „	2400	„ 13—22 „	4000	—
Uebrige Sorten „	8000	—	—	—	10200	—	4000	—
Summa „	45600	—	8400	—	—	—	5200	—
Schwarz und graue Füchse „	3900	„ 10 „	1500	„ 15 „	2500	„ 15 „	—	—
Rothe . . . . . „	12000	„ 3½ „	—	„ 20 R.	10500	„ 4½ „	1200	—
Weisse . . . . . „	35000	—	4500	„ 1½ „	40000	—	4000	„ 4 „
Graue (Kitt) . . . . „	12000	„ 1¼ „	25000	„ 50 Cop.	—	„ 1,10 Cop.	—	—
Wölfe . . . . . „	5000	„ 3 „	—	—	—	—	—	—
Bären . . . . . „	500	„ 10 „	300	„ 7-8 R.	1200	„ 7—15 R.	—	—
Katzen (schwarze und blaue) „	20000	„ 75 Cop.	—	—	—	—	20000	„ 28 Cop.

Einfuhr
russischer und asiatischer Rauchwaaren zu den Messen in Nischny-Nowgorod 1844, 1851, 1857 und 1863.

	1844	Durchschnitts-preis.	1851	Durchschnitts-preis.	1857	Durchschnitts-preis.	1863	Durchschnitts-preis.
Feh:								
Saccaminoy	300000	per Stck. 18 Cop.	100000	per Stck. 19 Cop.	1500000	per Stck. 23 Cop.	400000	per Stck. 19 Cop.
Jakutsky	200000	" " 9 "	—	—	500000	" " 20 "	—	—
Lensky	250000	" " 9½ "	600000	" " 9½ "	100000	" " 14 "	40000	" " 11 "
Obskoy	900000	" " 8½ "	650000	—	400000	" " 11 "	90000	" " 10 "
Kasanische und diverse	700000	" " 5 "	350000	—	150000	—	—	—
Summa	2350000		1700000		2200000		520000	
Fehschweife	5000000	" Pud 20 R.	600000	" Pud 18 R.	1000000	—	800000	—
Hermelin:								
Barabinsky	12000	" Zr. 10 R.	18000	" Zr. 14 "	2000	" Zr. 9 R.	4800	" Zr. 10 R.
Ischimsky	16000	" " 5 "	28000	" " 7½ "	1200	" " 7½ "	3200	" " 10 "
Jakutsky	—	—	—	—	20000	" " 4 "	16000	" " 6 "
Uebrige Sorten	—	—	26000	—	18000	—	14000	—
Summa	28000		72000		41200		48000	
Kolinsky	8000	" Stck. 50 Cop.	15000	" Stck. 85 Cop.	80000	—	14000	" Stck. 1.15 Cop.
Zobel (alle Sorten)	2400	" Zr. 1700 R.	280	" 6—30 R.	600	" 12-40 "	1200	" Zr. 10-30 R.
Merluschken (Lammfelle)	200000	" Paar 95—110 Cop.	160000	" Paar 95 Cop.	200000	" Paar 75 Cop.	175000	" Paar 60 Cop.
Weisse Füchse	—	—	—	—	1500	" Stck. 1.20 "	6000	" Stck. 1 R.
Graue Hasen	50000	" Stck. 18 "	200000	—	—	—	—	—
Weisse Hasen	—	—	500000	—	—	—	—	—
Steinmarder	25000	" " 2½ R.	20000	" Stck. 3-3½ R.	—	—	—	—
Baummarder	8000	" " 3 "	2000	" " 5 "	—	—	—	—
Steppenfüchse	—	—	200000	" Paar 1—2 "	—	—	—	—

Neben den vorhin beschriebenen grossen und anderen kleineren russischen Märkten, wo nur zeitweilig ein grosser Umsatz bewirkt wird, sind die Hauptstädte St. Petersburg und Mosco fortdauernde Rauchwaaren-Märkte, St. Petersburg wegen des Sitzes der russisch-amerikanischen Compagnie, wegen einer Anzahl dort ansässiger bedeutender Rauchwaarenhändler und besonders wegen der directen Einfuhr amerikanischer Rauchwaaren. Bedeutender Kauf und Verkauf wird hier täglich bewirkt und es kommen die Moscoer Kaufleute oft nach St. Petersburg, um hier feine amerikanische, deutsche und nordische Rauchwaaren zu kaufen.

In Mosco, im Herzen Russlands, ist der Pelzhandel am meisten allgemein und eingebürgert. Hier finden das ganze Jahr lang Zufuhren russischer, sibirischer, persischer, armenischer, deutscher und amerikanischer Rauchwaaren statt. Bedeutende Rauchwaarenhändler, die in mehreren andern Gouvernements Commanditen haben, und Kaufleute, die nach Sibirien und Kiachta handeln, so wie Armenier und Griechen haben hier ihren Sitz. Ein Moscoer Rauchwaarenhändler S. macht allein einen jährlichen Umsatz von mehr als ein und eine halbe Million Silberrubel. Er dehnt jedoch sein Geschäft selten auf das Ausland aus, sondern beschränkt sich auf den Umsatz im Lande selbst.

Nachfrage und Angebot geschieht gewöhnlich an der Börse,* Abschluss eines Geschäftes wird aber gewöhnlich bei einem

---

* An der Börse in Mosco stehen viele Kaufleute von früh 9 bis Abends 7 Uhr; die sorgsamen Geschäftsleute fürchten etwas zu versäumen, wenn sie eine Stunde fehlen. In das Börsengebäude, welches seit einigen Jahren im Winter geheizt wird, geht Niemand; man zahlt den Beitrag, meint aber, draussen stehen zu müssen. Freilich schützt man sich gegen die oft sehr strenge Kälte durch gute Pelze und Pelzstiefeln.

Glase Thee gemacht. Wenn der Käufer sagt: „Gehen wir Thee trinken," so pflegt das Geschäft schon halb fertig zu sein. Russische, sibirische und nordische Rauchwaaren werden für Casse oder auf kurze Termine, ausländische, besonders amerikanische, oft auf Termine von 12 bis 18 Monaten verkauft.

Der skandinavische Rauchwaarenhandel

beschäftigt sich sowohl mit den eigenen Erzeugnissen, als mit denen seiner Colonien, Grönland und Island; auch wird eine grosse Anzahl feiner amerikanischer Rauchwaaren in den Hauptstädten dieses Ländercomplexes verbraucht. Zu den Pelzproducten Schwedens und Norwegens gehören nächst den Gattungen, welche in grossen Quantitäten ebenfalls in den übrigen europäischen Ländern vorgefunden werden, als: Füchse, Marder, Iltis, Dachse, Otter und Katzen, auch eine Anzahl schöner Felle von Luchsen, Vielfrassen, sowie werthvoller Silber- und Kreuzfüchse. Auch die dänischen Länder, Jütland und Seeland, liefern von den meisten Gattungen, sogenannter Landwaare, gute Qualitäten. Der grössere Theil dieser Erzeugnisse wird nach Deutschland und von da nach Russland ausgeführt, bei welchem Transithandel die Messen zu Leipzig eine bedeutende Rolle spielen. Ferner ist die Königl. Dän. Grönländische Compagnie zu erwähnen, bei welcher die Krone betheiligt ist, und die in Copenhagen ihren Sitz hat. Sie hält in Westgrönland zwei Inspectorate und verkauft die Producte in Copenhagen in zwei Auctionen, im November und Mai. Sie liefert von den von Grönland in Copenhagen eingeführten Erzeugnissen etwa eine Hälfte, während die zweite Hälfte, sowie die meisten isländischen Waaren, durch die Hände anderer Handelshäuser gehen.

(Siehe Seite 38 Einfuhr-Liste.)

Einfuhr
der Rauchwaaren von der Grönländischen Compagnie zu den Frühjahrs- und Herbst-Auctionen in Copenhagen 1853, 1857, 1860, 1863.

	1853	1857	1860	1863
Seehundsfelle:				
Sattler	4479	962	556	274
Gesprenkelte . .	209	150	200	—
Blauseitige . . .	3031	2676	1654	1217
Gemeine . .	48066	24008	36070	37922
	55785	27796	38480	39413
Rennthierfelle . .	7427	4705	997	—
Blaue Füchse * . .	1300	896	954	349
Weisse Füchse . .	1365	652	683	255
Eisbären	64	20	18	40
Hunde	484	—	—	—
Eiderdaunen . . .	1250 Pfd.	—	—	—
Wallrosszähne . . .	44 St.	—	—	—
Narwallhörner . . .	90 „	—	—	—
Rennthierhörner . .	30214 „	—	—	—

* Blaufüchse kosteten im Jahre 1853 16—17 dän. Rigsdaler, 1857 21—30 dän. Rdlr., 1860 21—22 dän. Rdlr., und 1863 12—13 dän. Rdlr. für Prima-Waare.

Der deutsche Rauchwaarenhandel

ist in mehreren tausend Händen; zunächst betheiligen sich dabei viele kleine Handelsleute und alle Kürschner. Die Kürschnerei kann vom Rauchwaarenhandel nicht getrennt werden, wenn auch wegen der Theilung der Arbeit der grosse Rauchwaarenhandel neben der Kürschnerei besteht. Der Kürschner in allen grossen und kleinen Städten Deutschlands kauft von dem Jäger sogenannte Wildwaaren, als Fuchsfelle, Edelmarder, Steinmarder, Iltis, Dachse und Otterfelle, von dem Landmann Lamm- und Ziegenfelle, von dem Städter Hasen-, Kaninchen- und Katzenfelle, welche Artikel er mehr oder weniger nicht selber verwendet und deshalb im unbearbeiteten Zustande wieder verkaufen muss. Von den Kürschnern und Handelsleuten, deren Handel von kleinerem Umfange ist, kauft der grössere Kürschner und Kaufmann; er bezahlt höhere Preise, weil er bei der Grösse seines Umsatzes sich mit einem Gewinn von einigen Procenten begnügen kann.*

Diese grösseren Kürschner und Kaufleute versorgen die Provinzen mit denjenigen Artikeln, welche daselbst gebraucht werden, und treiben Handel mit den benachbarten Ländern, z. B. Hamburg und Lübeck, welche ausser ihrem Speditionshandel mit amerikanischen und russischen Waaren auch grossen Handel mit grönländischen Seehundsfellen haben, die Rauchwaarenproducte von Norwegen, Finnland und Dänemark kaufen und nach diesen Ländern amerikanische, russische, deutsche und französische Waaren verkaufen.

* Ein kleiner Kürschner einer Stadt, welcher eines Tages zwei Marderfelle, das Stück für zwei Thaler kaufte, und sie selbigen Tages zu vier Thaler wiederverkaufte, konnte sein Glück nicht bergen, erzählte es überall und — blieb ein kleiner Kürschner; aber sein Concurrent, welcher ihm den hohen Preis bewilligt hatte, wurde durch die grössere Anzahl von Waaren, welche man ihm zu Kauf brachte, ein wohlhabender Mann.

Bremen, welches durch seine Schiffahrt Rauchwaaren von den Esquimaux über Honolulu bezieht, kauft die Erzeugnisse seiner Gegend und versorgt Stadt und Land mit amerikanischem und russischem Pelzwerk. Wien liefert an Galizien, Ungarn und Italien russische und amerikanische Rauchwaaren, verfertigt selbst vorzügliche Pelzwaaren und ist ein fortdauernder Markt für türkische, ungarische und italienische Lammfelle. Berlin und Breslau haben bedeutenden Handel nach ihren Provinzen und auch besonders nach Polen und Russland. Die übrigen Haupt- und Residenzstädte, Königsberg, Posen, Lemberg, Krakau, Dresden, Prag, München, Stuttgart, Köln, Mannheim, Carlsruhe, Braunschweig, Hannover und andere schliessen den vorhergehenden sich würdig an, indem sie ihre Umgebung mit denjenigen Pelzfellen, die entweder zur Landestracht* gehören, oder sonst dort Mode sind, versorgen, besonders aber reichen Vorrath halten von allen feineren Rauchwaaren, die dem Grossstädter zum Nutzen und zur Annehmlichkeit dienen. Die Hauptstädte der benachbarten Länder Frankreichs, Polens und Ungarns sind in Betreff unserer Handelsbranchen Deutschland gleichzustellen. Paris giebt in verfertigter Waare die Mode an und die kostbarsten Pelze sind für die „haute monde" oftmals nicht zu theuer, wie auch

* Zu den Pelzwerk-Landestrachten gehören für Herrenpelze in Ungarn persische und Astrachaner Lammfelle zu Besatz, in Bayern die Otterfelle zu Hauben für Landmädchen (man verwendet dazu die besten Otterfelle, mit goldgestickten Einlagen, so dass sie oft 30 und mehr Gulden kosten). Einzelne Münchener Rauchwaarenhändler kaufen häufig mehrere tausend Stück Otterfelle auf einmal. In Schlesien werden amerikanische Nerze und Brabanter Silbercanine für die Frauenhauben der Landleute gebraucht. Früher trugen die Frauen auf dem Lande enge lange Pelze mit Steinmarder besetzt, welche Tracht jedoch, da die betreffenden Felle sehr im Preise stiegen, städtischen Moden Platz machte. Steigerung der Waarenpreise verdrängen vielfach die Landestrachten.

für andere Classen die geringste Waare nicht zu schlecht ist. Den eigentlichen Handel betreffend, sammelt Frankreich Wildwaaren (Sauvagine) so, wie es in Deutschland geschieht, beschäftigt sich aber auch vorzugsweise mit der Bereitung und Färbung von Caninfellen. Warschau ist für unsere Handelsbranche Klein-Mosco zu nennen; man weiss hier Alles, was Pelzwerk heisst, zu schätzen. Pesth und andere grössere Städte Ungarns sind für uns bedeutend, weil Pelzwerk zur National-Tracht gehört und das Land viel an Wildwaaren und besonders viel nutzbare Schaf- und Lammfelle producirt. Die Verarbeitung, die Kürschnerei, wird in Ungarn musterhaft betrieben.

Um die Interessen aller Städte, aller Länder, ja aller Welttheile, welche am Rauchwaarenhandel betheiligt sind, zu vereinigen, gebrauchen wir die Messen, wo man alle Rauchwaaren findet, und wo man alle Rauchwaaren verkaufen kann. Wie die Messen von Frankfurt a. O., Braunschweig, Frankfurt a. M. und andere für unsere Branche von geringerer und fast zu nur provinzieller Bedeutung herabgestiegen sind; so wächst der Rauchwaarenhandel Leipzigs, welcher zur Zeit bereits der Haupt-Weltmarkt geworden ist.

Die Leipziger Messen.

Zu der Leipziger Ostermesse werden zunächst alle Pelzfelle aus ganz Deutschland und den angrenzenden Ländern gebracht, die der kurz vorhergegangene Winter geliefert hat, nämlich an Wildwaaren: Füchse, Edelmarder, Steinmarder, Iltis, Ottern, Dachse und Hasenfelle; dann Kaninchenfelle, schwarze und bunte Katzen- und Lammfelle in grosser Zahl; ferner die auf den grossen russischen Märkten und in Mosco für das

Ausland gekauften Feh (Eichhörnchen) und dergl. Schweife, Fehsäcke, Hermelin, Zobel, weisse und blaue Füchse, Hasenfelle, persische, astrachanische und russische Lammfelle und Taluppen etc.; ingleichen die Waaren von Grönland, Schweden und Norwegen (sogenannte Nordische) als blaue, weisse und rothe Füchse, Edelmarder etc.; alsdann die meisten Waaren des Hudsonsbay-Territoriums und fast alle Waaren Canada's und Nordamerika's, als Biber, Bisam, rothe Füchse, schwarze Füchse, Silberfüchse, weisse und blaue Füchse, Griesfüchse, Kittfüchse, Bären, Waschbären, Virginische Iltis, Zobel, Nerze, Chinchillas, Ottern, See-Ottern, Luchse, Wölfe, Vielfrasse etc.; aus England Biberseehunde und Nutrias; aus Frankreich Wildwaaren, bereitete und gefärbte Kanin; aus Holland Schwäne, Gänse, Grebes, Katzen, Iltis etc.; aus Lissa in Posen Kanin-Felle und -Tafeln; aus dem Harz Hamsterfutter; aus dem umliegenden Städten Leipzigs die Halbfabrikate in Feh und Astrachan in grosser Zahl.

Zu der Leipziger Michaelismesse wiederholt sich diese Waarenzufuhr in fast gleicher Weise, mit Ausnahme der deutschen Wildwaaren, welche regelmässig in der Ostermesse sämmtlich in das Ausland oder sonst zum Verbrauch in andere Hände übergehen.

Siehe Seite 43, Liste der Zufuhren nach Leipzig.

Durchschnittliche jährliche Zufuhren von Rauchwaaren in Leipzig.

1) Amerikanische.	Anzahl.	Werth.	2) Mitteleuropäische	Anzahl.	Werth.
Zobel . . .	30000	250000	Edelmarder .	60000	270000
Nerze . .	25000	100000	Steinmarder .	140000	450000
Bisam . . .	2000000	750000	Iltis	250000	320000
Silber-Füchse .	500	50000	Füchse . . .	125000	180000
Kreuz- „	2500	30000	Otter . . .	9000	35000
Weisse „ .	8000	15000	Dachse . . .	15000	12000
Rothe „ .	40000	100000	Katzen . . .	400000	100000
Gris- „	12000	12000	Hasen . . .	1000000	160000
Kitt- „	7000	7000	Kaninchen . .	1500000	250000
Waschbären .	400000	400000	Lammfelle . .	1200000	350000
Virgin. Iltis .	8000	65000		Thlr.	2127000
Skunks	75000	60000	3) Russische und asiatische		
Opossum	10000	2500			
Bären	6000	60000	Zobel . . .	10000	175000
Luchse und			Nerze . . .	20000	30000
Luchskatzen	15000	45000	Hermelin . .	160000	40000
Wölfe . . .	3000	6000	Eichhörnchen (Feh)	2000000	350000
Vielfrasse .	2000	6000	Blaue Füchse :	1200	20000
Biber . . .	70000	300000	Weisse „	8000	8000
See-Ottern .	200	20000	Dachse . .	10000	6000
Ottern . . .	12500	100000	Hasen . . .	1500000	480000
Pelzseehunde .	20000	120000	Katzen . . .	12000	3000
Seehunde . .	50000	50000	Kolinsky . .	20000	20000
Coipu . . .	50000	50000	Pers. Lammfelle	30000	85000
Chinchillas . .	30000	24000	Tartarische „	500000	165000
	Thlr.	2622500		Thlr.	1382000

Recapitulation:
Amerikanische Rauchwaaren   2,622,500 Thlr.
Mitteleuropäische   „   2,127,000 „
Russische u. asiatische „   1,382,000 „
Gesammtwerth der Zufuhren   6,131,500 Thlr.

Zum Einkaufe sowohl, wie zum Verkaufe versammeln sich auf unserer Messe die vornehmsten Kaufleute, Rauchwaarenhändler und Kürschner aus allen Ländern: Nordamerikaner, Engländer, Franzosen, Italiener, Schweizer, Holländer, Schweden, Dänen, Tartaren, Russen, Griechen*, Polen, Wallachen, Ungarn und endlich Deutsche aus allen namhaften Städten. Wenn wir die Zahl von 2500 fremden Rauchwaarenhändlern annehmen, so glauben wir nicht zu hoch zu greifen. Die Waaren werden in den Häusern und Höfen des Brühls und der angrenzenden Strassen in mehr oder weniger geräumigen Niederlagen aufgespeichert. Fast jeder fremde Kaufmann, der zunächst die Waaren seines Landes zum Verkaufe bringt, ist Käufer für die Erzeugnisse vieler anderer Länder. Es kaufen hauptsächlich die Amerikaner von den Deutschen gearbeitetes Feh, Edelmarder, Steinmarder, Iltis, polnische Kanin, von den Franzosen gefärbte Kanin, von den Russen Hermelin, russische Nerze und weisse Hasen. Die Engländer kaufen rohes Feh, Hermelin, persische Lammfelle, Marder, polnische Kanin und in letzterer Zeit auch nordamerikanische Waaren. Franzosen und Italiener kaufen bereitetes Feh, Hermelin, astrachanische und persische Lammfelle, polnische Kanin, russische und amerikanische Zobel, Chinchillas etc. Russen und Polen kaufen: Deutsche und nordische Füchse, Marder, Otter, amerikanische Waschbäre, virgin. Iltis, Bäre, Skunk, Biber, See-Otter, Zobel, Chinchillas, Luchse, Bisam, Silber-, Kreuz- und rothe Füchse, Pelz-Seehunde, englische und französische Kanin etc. Griechen und Wallachen kaufen: Deutsche und amerikanische rothe

* Von den Griechen (Albanesen und Armenier) die oft in einer Anzahl von 70 und mehr, unsere Messe besuchen, die durch ihre imposante Kleidung, dem rothen Fez, und dem nationalen Pelze, Aufmerksamkeit erregen, treiben nur wenige im eigentlichen Griechenland Handel. Die meisten sind Kürschner und Kaufleute in Städten der Türkei, oder in Aegypten. Die Türken bekümmern sich um den Handel wenig, und überlassen diesen gern den Griechen.

Füchse, russische und amerikanische weisse Füchse, Luchse, Nerze, Zobel, Wölfe; deutsche und holländische schwarze Katzen, französische Kanin etc. Deutsche kaufen, je nach Bedeutung ihres Ortes, von fast allen Pelzgattungen, weil, neben dem ausgedehnten Verbrauche von jeder grösseren deutschen Stadt, Handel mit denselben nach dem Auslande getrieben wird. Das Messgeschäft in deutschen Waaren ist in mehr als tausend Händen; der Zwischenhandel beschäftigt über hundert mehr oder weniger bedeutende Firmen; der Handel mit ausländischen Pelzproducten zählt verhältnissmässig weniger aber um so bedeutendere Vertreter. Die grosse Menge der zur Messe gebrachten russischen und sibirischen Waaren hat vielleicht kaum 30 Eigenthümer, und das noch viel grössere Quantum von amerikanischen Pelzfellen gehört nur etwa 15 Kaufleuten. Einige der letzteren haben ihr Geschäft so ausgebreitet, dass sie von 500,000 bis 1,500,000 Thaler Waaren jährlich hier verkaufen. Leipzig hat für Pelzerzeugnisse aber nicht blos die Bedeutung des Messhandels, sondern es ist ein fortdauernder Markt geworden, und wie die meisten fremden bedeutenden Rauchwaarenhändler sich hier etablirt oder hier Commanditen errichtet haben, so wird unser Platz auch ausser den Messen von Käufern vielfach besucht.

Die russischen und sibirischen Waaren, die in England und Amerika gebraucht werden, gehen zum grössten Theile durch die Hände der Leipziger Kaufleute. Die Waaren der Verein. Staaten Nord-Amerikas und Canadas, die früher nur vermittelst der Londoner Auctionen hierhergekommen sind, kommen seit den letzten Jahren direct zu unserm Markt, aus welchem Allen hervorleuchtet, dass der Rauchwaarenhandel Leipzigs an Bedeutung zugenommen hat. —

Der Handel in Leipzig wird theils direct, theils durch Commissionaire und Makler, deren es eine grosse Anzahl giebt, besorgt. Die Kaufleute sehen einander auf dem Brühl, welche Strasse einer fortwährenden Börse gleicht; sie besuchen einander gegenseitig in ihren

Lagern, fragen nach Waaren und bieten solche an. Diejenigen, welche die weiteste Reise zu machen hatten, unter ihnen die Griechen, pflegen sich zuerst einzustellen. Artikel, welche einen neuen Absatzmarkt gefunden haben, etwa nach Amerika oder nach China, gehen unter steigenden Preisen rasch ab; deutsche Wildwaaren werden per Cassa, andere Waaren je unter Discont oder auf Termine verkauft. Die Besitzer russischer Waaren werden durch Makler aufgesucht und bei dem Handel mit ihnen walten fast immer Zweifel, ob sie verkaufen wollen oder nicht. — In den grossen Lagern amerikanischer Waaren, deren Eigenthümer durch den Umgang mit dem Westen der Welt und sonst kaufmännisch geschult sind, begegnet uns zuvorkommende Handlungsweise, achtunggebietende Ordnung und oft überwältigende Geschäftsausdehnung.

HEINRICH LOME WAARENLAGER.

Productions-Länder.

Die nördlich gemässigte Zone unsers ganzen Erdkörpers erzeugt bei weitem das meiste Pelzwerk, nicht soviel die kalte, und noch weniger die südlich-gemässigte Zone. In der nördlichen Zone ist es wieder Sibirien, welches nebst den Aleuten, dem gegenüberliegenden russischen Amerika und China die grösste Anzahl werthvoller Pelzfelle liefert.

Jährliche Production Sibiriens und des russischen Amerika.

	Sibirien mit dem Norden China's.	Russ. Amerika mit den Aleuten.	Total.	Werth in Thalern.
Zobel	100000	9000	109000	1450000
Eichhörnchen .	6000000	—	6000000	900000
Hermelin	350000	—	350000	90000
Kolinsky	80000	—	80000	80000
Bisamratten	150000	—	150000	120000
Schwarze u. graue Füchse	3600	2500	6100	65000
Weisse „	50000	4000	54000	50000
Rothe „	40000	5000	45000	105000
Kitt- „	30000	—	30000	30000
Luchse	15000	—	15000	45000
Bären	1300	400	1700	19000
Wölfe	6000	—	6000	7500
Murmelthiere . . .	40000	—	40000	10000
Ottern	2000	2000	4000	20000
See-Ottern	300	900	1200	170000
Biber	10000	20000	30000	75000
Pelzseehunde . . .	5000	20000	25000	100000
Seehunde . . .	10000	120000	130000	130000
Vielfrasse . . .	100	200	300	1000
Katzen	250000	—	250000	60000
Hasen	2000000	—	2000000	650000
Persische Lammfelle	. . .	. . .	100000	250000
Tartarische „		. . .	600000	225000
			10027300	4652500

Die nächstgrösste Anzahl von Pelzfellen produzirt Mittel-Europa, nämlich die Türkei, Ungarn und Galizien, Frankreich, England und Italien, Holland, Dänemark, die Schweiz und besonders Deutschland.

Jährliche Production Mitteleuropa's.

	Türkei, Ungarn und Galizien.	Frankreich, England und Italien.	Deutschland Dänemark, Holland und die Schweiz.	Total.	Werth in Thlr.
Edelmarder	20000	25000	75000	120000	540000
Steinmarder	100000	40000	110000	250000	825000
Iltis	60000	40000	280000	380000	450000
Rothe Füchse	10000	40000	90000	140000	210000
Ottern	500	4000	7500	12000	45000
Dachse	20000	1000	9000	30000	25000
Lammfelle	100000	1200000	700000	2000000	650000
Katzenfelle	30000	70000	400000	1300000	130000
Hamster	—	—	200000	4420000	2000
Hasen	180000	320000	800000	500000	200000
Kaninchen	20000	4000000	400000	200000	720000
Wölfe	500	—	—	500	500
Seehunde	—	—	20000	20000	20000
Murmelthiere	—	—	5000	5000	300
				9377500	3817800

Nord-Amerika nimmt nach dem Werthe seiner Pelzproducte die erste Stelle ein; nach Anzahl der Felle erscheint es jedoch in dritter Reihe. Die Waaren werden bezogen hauptsächlich von dem Territorium der Hudsonsbay-Compagnie (im Norden des 49° nördl. Breite) nebst Canada, dann von den Ländern der Vereinigten Staaten zwischen den Gebieten des Oregon und Maine und südlich bis Arkansas.

Jährliche Production Nordamerika's.

	Territorium der Hudsonsbay-Compagnie.	Canada und die Vereinigten Staaten.	Total.	Werth in Thalern.
Zobel	90000	40000	130000	1000000
Nerze	40000	160000	200000	640000
Bisam	350000	2500000	2850000	880000
Silber-Füchse	500	1000	1500	160000
Kreuz- „	1800	2500	4300	50000
Weisse „	5000	3000	8000	15000
Rothe „	5000	55000	60000	160000
Gris- „	—	25000	25000	25000
Kitt- „	5000	5000	10000	10000
Waschbären	3000	597000	600000	600000
Virg. Iltis	7000	5500	12500	100000
Skunks	2000	98000	100000	80000
Opossum	—	250000	250000	50000
Bären	8000	7000	15000	150000
Luchse	20000	6000	26000	85000
Wölfe	9000	3500	12500	25000
Büffel	35000	25000	60000	480000
Vielfrasse	2000	500	2500	7500
Dachse	1500	500	2000	1500
Biber	100000	30000	130000	500000
See-Ottern	120	180	300	30000
Ottern	13000	7000	20000	190000
Seehunde	20000	—	20000	20000
Kanin	80000	500000	580000	80000
Katzen	—	45000	45000	15000
Murmelthiere	5000	—	5000	250
			5169600	5354250

In vierter Reihe erscheint die
Jährliche Production des europäischen Russland, Schweden's und Norwegens, Island's und Grönland's.

	Europäisch. Russland.	Schweden u. Norwegen.	Island und Grönland.	Total.	Werth in Thalern.
Zobel	6000	—	—	6000	50000
Nerze	55000	—	—	55000	60000
Edelmarder . .	45000	15000	—	60000	300000
Steinmarder . . .	150000	—	—	150000	525000
Iltis	220000	—	—	220000	150000
Hermelin	50000	—	—	50000	10000
Eichhörnchen . .	700000	300000	—	1000000	100000
Silber- u. Kreuz-Füchse	—	100	—	100	2000
Blaue „	3500	500	2500	6500	60000
Weisse „	20000	1000	2000	23000	20000
Rothe „	60000	25000	—	85000	225000
Bären	1500	500	(Eisbären)300	2300	26000
Luchse	8000	1000	—	9000	45000
Wölfe	5000	1000	—	6000	7000
Murmelthiere . . .	3000	2000	—	5000	500
Vielfrasse	200	500	—	700	2100
Dachse	20000	3000	—	23000	14500
Ottern	7000	2000	—	9000	50000
Seehunde	20000	10000	300000	330000	330000
Hasen	1000000	100000	100000	1200000	180000
Katzen	200000	5000	—	205000	30000
Lammfelle	200000	30000	100000	330000	200000
				3775600	2387100

Fünftens endlich:
Jährliche Production Süd-Amerika's, Süd-Asiens, Africa's, Australiens und der Südsee-Inseln.

	Anzahl.	Werth in Thalern.
Chinchillas von Peru und Chile . . .	100000	80000
Pelzseehunde	30000	180000
Seehunde	500000	500000
Coipu (Nutria, Ragondain)	3000000	400000
Affen von Südamerika und Afrika . . .	40000	50000
Löwen und Tiger von Südafrika und Ostindien .	500	5000
Opossum von Australien	30000	30000
	3700500	1245000

Jährliche Gesammtproduction von Rauchwaaren.

	Asien und russ. Nord-Amerika.	Mittel-Europa.	Nord-Amerika und Süd-Amerika.	Russland, Schweden, Island und Grönland.	Total.	Werth in Thalern.
Zobel	109000	—	130000	6000	245000	2500000
Nerze	—	—	200000	55000	255000	700000
Edelmarder	—	120000	—	60000	180000	840000
Steinmarder	—	250000	—	150000	400000	1350000
Iltis	—	380000	—	220000	600000	600000
Kolinsky	80000	—	—	—	80000	80000
Hermelin	350000	—	—	50000	400000	100000
Eichhörnchen	6000000	—	—	1000000	7000000	1000000
Bisam	150000	—	2850000	—	3000000	1000000
Hamster	—	200000	—	—	200000	2000
Chinchillas	—	—	*100000	—	100000	80000
Silber-Füchse	—	500	1500	—	2000	200000
Kreuz- „	5600	—	4300	100	10000	77000
Blaue „	—	—	—	6500	6500	60000
Weisse „	54000	—	8000	23000	85000	85000
Rothe „	45000	140000	60000	85000	330000	700000
Gris- „	—	—	25000	—	25000	25000
Kitt- „	30000	—	10000	—	40000	40000
Waschbären	—	—	600000	—	600000	600000
Virgin. Iltis	—	—	12500	—	12500	100000
Skunks	—	—	100000	—	100000	80000
Opossum	—	—	250000	*30000	280000	80000
Murmelthiere	40000	5000	5000	5000	55000	11050
Bären	1700	—	15000	2300	19000	195000
Luchse	15000	—	26000	9000	50000	175000
Wölfe	6000	500	12500	6000	25000	40000
Büffel	—	—	60000	—	60000	480000
Vielfrasse	300	—	2500	700	3500	10600
Dachse	—	30000	2000	23000	55000	41000
Biber	30000	—	130000	—	160000	575000
See-Ottern	1200	—	300	—	1500	200000
Ottern	4000	12000	20000	9000	45000	305000
Pelz-Seehunde	25000	—	*30000	—	55000	280000
Seehunde	130000	20000	20000 / *500000 / *3000000	330000	1000000	1000000
Coipu	—	—	*3000000	—	3000000	400000
Hasen	2000000	1300000	—	1200000	4500000	1030000
Kaninchen	—	4420000	580000	—	5000000	800000
Katzen	250000	500000	45000	205000	1000000	235000
Lammfelle	700000	2000000	—	330000	3030000	1325000
Affen	—	—	*40000	—	40000	50000
Löwen und Tiger	—	—	*500	—	500	5000
					32050500	17456650

* bezeichnet die Producte Süd-Amerika's, Süd-Asiens, Afrika's und Australien's mit den Südsee-Inseln.

Bei vorstehenden Listen sind wir vorsichtig gewesen, die Zahl und den Werth nicht zu hoch anzugeben.

Der Fang der Pelzthiere.

So schwer auch den wilden Pelzthieren wegen der ihnen angeborenen List und Scheu und des Erhaltungstriebes beizukommen ist, so giebt doch der Verstand des Menschen, durch welchen er Herr über die Thiere ist, die menschliche Klugheit und besonders die Erfindung des Feuergewehrs ihm die Mittel, die wilden Thiere zu erlegen und sie zu seinem Nutzen zu verwenden. Die Zobel werden fast in allen Ländern, wo sie vorkommen, in Fallen gefangen, ebenso die Steinmarder *, Iltisse, Nerze, und Kolinsky. Edelmarder und Wildkatzen werden fast immer nur geschossen. Eichhörnchen werden in einigen Theilen Asiens mit vergifteten Pfeilen getödtet, in andern aber, und gerade da, wo sie am häufigsten vorkommen, durch die Nahrung vergiftet. Man streut nämlich in der strengern Jahreszeit Futter für sie in den Wald, nicht etwa zum Zwecke, sie zu nähren, sondern nur um ihrer habhaft zu werden; denn, sobald eine Menge dieser Thiere an den Futterplatz sich gewöhnt hat, kommt für sie der unheilsvolle Tag: man wirft ihnen vergiftetes Futter hin, wonach man sie zu vielen Hunderten durch Gift getödtet und durch Kälte hartgefroren auffindet. — Bisamratten werden unter dem Eise, in welches man ein Loch gehauen hat,

* Ein Bauer, welcher einem Kürschner ein frisch abgestreiftes Steinmarderfell zum Verkauf brachte, sagte, dass er in 5 Tagen noch ein solches bringen werde, und erzählte auf die Frage, warum er dasselbe nicht gleich mitgebracht habe, dass er ein Ei in der Falle aufstelle, dann sieben Pflaumen, eine jede einen Fuss von der andern entfernt, davorlege; der Marder hole jede Nacht nur eine Pflaume; jedoch sei er, nachdem er die erste gefressen, am achten Tage gewiss in der Falle.

mit Widerhaken gespiesst. Chinchillas, Waschbären und Skunks werden von eigens dazu abgerichteten Hunden gefangen. Für alle Arten von Füchsen gilt die Flinte; Fischottern werden vom Anstand geschossen, wenn sie eben den Kopf aus dem Wasser emporhalten. Die Indianer fangen sie in Fallen, oder vergiften sie durch Lockspeise. Dachse hetzt man mit Hunden; Biber werden in ihren Uferbauten aufgesucht und in Fallen gefangen, erschlagen oder geschossen.

Eines der für den Jäger gefährlichsten Thiere ist der Luchs, weil, wenn er nicht auf den ersten Schuss fällt, er wohl den Jäger angreift und tödtet. Eisbären werden theils mit Harpunen, wohl aber auch, wenn bei sehr starker Kälte im Norden das Eisen weich wird, mit Lanzen von Holz, mit Eisspitzen versehen, erlegt. Für diese, wie für andere Bären und für Wölfe ist jede Waffe gut, mit welcher man das Thier tödten kann. Seehunde werden, während sie im Sonnenschein an den Ufern der Inseln schlafen, von dem Schiffsvolk zu hunderten mit Knittelschlägen betäubt und dann wird ihnen sogleich der Bauch aufgeschnitten. Hasen, wiewohl man sie bei uns nur schiesst, werden in Sibirien und der Tartarei, wo man das Fleisch nicht geniesst, in Fallen gefangen.

Stufenfolge der Pelzwerkbereitung.

Man wird nicht irren, wenn man die Bildungsstufe der Völker nach der geringeren oder grösseren Vollkommenheit ihrer Werke, und zunächst ihrer Kleider, abschätzt. Nach dieser

Richtschnur nehmen die niedrigste* Stufe ein: die Esquimaux und Indianer im westlichen Nord-Amerika. Die Esquimaux besitzen gute Zobel, Nerze, weisse, rothe, blaue, Kreuz- und Silber-Füchse, Eisbären, graue Bären etc.; sie kleiden sich viel in Zobel- und Nerzfelle, welche sie jedoch ungereinigt, fast ohne alle Bereitung und ohne Ordnung zusammenheften. Die Indianer im Oregongebiet reiben ihre Bärenfelle nur mit hartem Holze, um sie etwas geschmeidig zu machen. Die nächste Stufe nehmen die Neu-Seeländer und die Kaffern ein; erstere stellen grosse Decken von Opossum, grauen Füchsen und Wildkatzen zwar ordentlich zusammen, doch fast ohne alle Bereitung des Leders; letztere wissen ihre Leoparden, Gepards, Hyänen, Wölfe, Springböcke und gestreiften Katzenfelle gut zu bereiten und zusammenzunähen, vereinigen diese Felle jedoch gewöhnlich in buntem, unregelmässigem Durcheinander. Auf die dritte Stufe der Vollkommenheit stellen wir die Grönländer: sie verwenden zu ihrer Kleidung zwar nur gemeine Seehunde und Rennthierfelle (ihre weissen und blauen Fuchsfelle werden ausgeführt), jedoch verfertigen sie ihre Kleider, namentlich von Seehundsfellen, mit grösster Sauberkeit. Ihre Röcke (Blousen, die Kopf und Oberkörper bedecken) sind fein und dicht mit Därmen, anstatt des Zwirnes, genäht, und meistentheils mit schwarz-, rothund grüngefärbten Streifen garnirt, auch ihre Beinkleider und Stiefeln sind gut gearbeitet. Bei gleicher Tracht von beiden Geschlechtern tragen die kleinen Frauen so grosse weite Stiefel, dass sie in jedem eines ihrer Kinderchen beim Gehen mit forttragen. Auf der vierten und fast schon auf der höchsten Stufe stehen die Chinesen; sie wissen ihre Zobel, Eichhörnchen, Katzen,

* Wir können hier die schwarzen Afrikaner, welche leider selbst einen Handelsartikel bilden und sich noch an gar keine Kleidung gewöhnt haben, nicht mitzählen.

Füchse, Luchse und Tigerfelle gut zu bereiten, die Zusammenstellung der Felle ist musterhaft ordnungsmässig; sie verstehen das bei den Kürschnern sogenannte Auslassen und Einlassen der Felle, wodurch man z. B. ein Zobelfell durch verschiedene Einschnitte noch einmal so lang oder noch einmal so breit machen kann, wie es von Natur war, ohne dass man auf der Haarseite des Felles die Einschnitte und Näthe bemerkt. Die Chinesen treiben auch in Pelzwerk grossen Luxus; sie tragen z. B. Röcke ohne Aermel von drei Seeotterfellen die 800 bis 1500 Thaler werth sind; eine Art Stola von 40 Zobelfellen, 1000 bis 3000 Thaler kostend, sind bei den vornehmeren Klassen sehr gewöhnlich. Wenn wir nun zeigen, wie wahrscheinlich die Kultur vom Osten Asiens zu uns gekommen ist; wenn wir noch sicherer annehmen, dass wir die Bearbeitung des Pelzwerks von den Chinesen gelernt haben (— von uns haben sie es wahrlich nicht gelernt, denn sie haben es tausend Jahre früher, als wir verstanden —): so müssen wir gestehen, dass wir die Kunst wenig vervollkommnet haben; denn wenn die Kürschnerarbeit auch über ganz Europa vielfach ebensogut, so wird sie doch nur sehr vereinzelt besser als in China angefertigt. Neben den chinesischen Kürschner-Arbeiten kennen wir als die besten: die Zobel- und Fuchsfutter aus der kaiserlichen Kabinets-Kürschnerei in St. Petersburg, die deutschen und französischen Galonage-Arbeiten im zweiten Dezennium unseres Jahrhunderts, die Pelzfärberei von J. Apold in London und die Bereitung von Feh (Eichhörnchen) und Chinchillas in Weissenfels, Naumburg und Leipzig.

Bereitung der Pelzfelle.

Weil zu Pelzwerk in der Regel Winterfelle dienen, deren Haut dünn, und deren Haar dicht ist*, so ist die Bereitung des Leders mehr oder weniger leicht und einfach: von der Ledergerbung ist sie besonders dadurch verschieden, dass das Haar nicht blos bleiben, sondern auch in seiner Schönheit erhalten werden muss. Die meisten Pelzfelle, nämlich alle Arten Füchse, Marder etc. werden, nachdem die Haut mit salzigem Wasser gut durchfeuchtet (nicht etwa durchnässt) ist, an einem im Achtel-Zirkel gebogenen, etwa eine Elle langen und eine viertel Elle breiten sogenannten Fleischeisen geschabt, damit die doppelhäutigen Theile entfernt werden. Dieses ist auch die erste Prozedur, die Haut geschmeidig und beweglich zu machen, um sie nach Belieben breit oder lang dehnen zu können; unmittelbar darauf, um die Geschmeidigkeit zu erhalten, streicht man das Leder mit Fett, Butter oder Oel ein; dann wird etwas Mehl auf die Haut gestreut und das Fell halb abgetrocknet, worauf es abermals an einem weniger scharfen Eisen herumgezogen, gepakelt wird. Hierauf wird das Fell mit warmem Sand und Sägespänen geläutert, d. h. mehrere Stunden lang in einer Tonne herumgedreht, mit Stöcken geklopft und endlich vor einem scharfen Eisen nochmals nachgeschabt (abgezogen). Viele Kürschner bestreichen die Felle mit fettigen Ingredienzen erst nachdem sie schon halb abgetrocknet sind, wodurch die Arbeit schwieriger wird. In Russland beizt man das Leder mit gesäuertem Hafer-

---

* Im Sommer, wo das Haar der Pelzthiere dünn ist, ist die Haut gewöhnlich dicker.

schrot, welche Weise dasselbe zwar mild macht, doch auch das Haar schwächt. Man reinigt die Felle, indem man sie mit Sägespänen vermengt und in einer Tonne mit den Füssen austreten lässt. Lammfelle aller Art werden zunächst in Wasser eingeweicht, ganz durchnässt, dann gewaschen und nach dem ersten Abschaben (Fleischen) mit Gerstenschrot eingestreut; hierauf acht bis zwölf Tage in eine salzige Beize, scharf genug, um ein Ei zu tragen, gelegt, und nach dem täglichen Umwenden, welches das Heisswerden verhindert, getrocknet, darauf gepakelt, gereinigt und abgezogen. Kaninchen werden mit Alaun gebeizt. Eichhörnchen werden roh mit Butter bestrichen, vor dem Fleischen gewalkt und mit Sand und Gyps gereinigt. Chinchillas werden mit feinem Pudermehl durch Umschütten in einem Ledersack gereinigt. Pelzseehunde werden in eine Kalkbeize gelegt, bis eine Gährung eintritt, die das Ausschaben des Conturhaares erleichtert; mit einem scharfen Eisen schabt man das Haar des auf einen Gerberbaum gelegten Felles. Die Grundwolle aber ist einestheils so fein, dass das Eisen sie nicht greift, anderntheils geht sie auch nicht so tief durch die Haut, dass sie von der Gährung ergriffen werden könnte. Die Bereitung der Pelzseehunde wurde bisher in England am besten betrieben. In England werden diese und fast alle andern Pelzfelle, anstatt sie zu walken, mit menschlichen Füssen weich getreten, welche Methode ihre Vortheile hat, indem eine Beschädigung, die durch die harte Holzwalke vorkommt, hier nicht geschehen kann. Die Engländer haben diese Bereitungsweise von den Deutschen erlernt, aber schon seit vierzig Jahren wollen die deutschen Arbeiter ihre Füsse nicht mehr dazu hergeben. Die Engländer trinken ihren Pot Porter und treten auf den Fellen herum; doch mehr als bei uns ist bei ihnen die Arbeit getheilt, jene Zurichter fleischen nicht, und umgekehrt.

In Bezug auf die Industrie sind Kaufleute und Consumenten Kosmopoliten; die ersten müssen ihre Waaren von daher beziehen, oder dort arbeiten lassen, wo sie am schönsten hergestellt werden; und der Consument zahlt dafür nicht mehr, noch zieht er geringere Waare vor, weil sie etwa im eigenen Lande gearbeitet wurde.

Waarenkunde.

Rauchwaaren nennt man die Pelzfelle von Thieren, die grösstentheils zur Kleidung der Menschen dienen, und die, unter Belassung des Haares, nur auf der Fleischseite bereitet werden.* Der Werth derselben entsteht aus ihrer Brauchbarkeit, Qualität, d. i. Dichtigkeit und Feinheit des Haares, Farbe, sowie Seltenheit und Mode. Da die Natur die Thiere im kalten Clima zu dichterem Haarwuchs zwingt, so findet man in rauhen Gegenden, vorausgesetzt, dass es nebenbei ein fruchtbares Land sei, die besten Pelzfelle. Hoch im unfruchtbaren Norden sind weniger Thiere und deren Felle weniger schön, weil die Thiere ungenügende Nahrung haben.**

* Zum Unterschiede von Thierhäuten, die zur Lederbereitung dienen, als Hirsch-, Reh-, Ziegen- und Schaffelle, Kalb-, Ochsen- und Pferdehäute.
** Durch die Jahreszeiten werden die Pelzfelle fortwährend verändert. Es hat z. B. ein Edelmarder im Juli sein Sommerkleid, ein dunkelbraunes, glatt anliegendes struppiges Haar, welches er im September verliert, wann ihm eine kurze dichte Wolle mit kurzem Contur- oder Oberhaar wächst; im November ist dieses Haar schon stattlich lang und am schönsten in Farbe; im December und in der ersten Hälfte des Januar ist das Fell völlig ausgewachsen, und demnach am besten. Im Februar verliert sich die Farbe,

Das brauchbarste und edelste Pelzwerk sind die Felle der

sibirischen Zobel

(lat. *Mustela zibellina*, engl. *Sable*, franz. *Zibeline*, russ. *Sobol*), welche nach der Naturgeschichte zu den Raubthieren, und zwar zu den Mardern gehören, und an Grösse und Lebensweise den deutschen Mardern gleichen. Sie sind ein höchst werthvolles Pelzwerk; der Preis variirt von 10 bis 150 Thlr. per Stück. Ihre Farbe geht vom Hellbräunlichen bis in tiefes Dunkelbraun. Die dunkeln vollkommen rauchen und feinen Felle sind die theuersten. Die schönsten Zobel* liefern die östlichen Provinzen Sibiriens, Jakutsk und Ochotsk, weniger schön sind die vom Jenisei, von der Lena und vom Amur-Flusse. Die sibirischen Zobel werden in China zu einer Art Stola, in Russland zu Pelzfuttern, Kragen und Mützen, in New-York, Philadelphia, in Paris, Wien, und anderen Hauptstädten Europa's zu Garnituren für Damenpelze benutzt. Ehrenpelze von Zobel werden von Seiten des Kaisers von Russland verschenkt, und die Krone des Kaisers ist eine mit Juwelen und Gold verzierte Zobelmütze.

und der Winterpelz beginnt, namentlich an den Bauchtheilen, Abnutzung zu zeigen; im März, in der Begattungszeit, wann die zärtlichen Thiere einander beissen und das Haar ausrupfen, verliert das Fell fast allen Werth, worauf es durch die wärmere Jahreszeit zum Sommerkleide wird, welches gleichfalls fast werthlos ist. Bei einer Preisangabe kann daher nur von guten Winterfellen die Rede sein.

* Die kaiserl. Cabinetskürschnerei in St. Petersburg, welche überhaupt als Muster für gute Pelzarbeit gelten kann, verarbeitet vielfach die schönsten Zobel zum Gebrauche der kaiserlichen Familie. Man konnte in Stuttgart Zobelfutter sehen, die für die hohe Schwester des Kaisers, damals Königin von Würtemberg, angefertigt waren, und die den Werth von 6000 Thaler (für jedes Futter) hatten.

Amerikanische Zobel

(lat. *mustela canadensis*, engl. *marten*, franz. *Martre de Canada*, russ. *kidos*) *

sind gröber von Haar, als die russischen und sibirischen; ihre Farbe ist mehr ins röthliche Braun fallend, dabei jedoch in allen Graden von gelblich bis dunkelbraun; ihre Grösse ist gleichfalls wie die der Marder. Die schönsten amerikanischen Zobel kommen von den Küstenländern der Hudsonsbay, vom Grand Wale River, Little Wale River, von East-Maine, und von der Küste Labrador's, diese sind oft 25 Thaler per Stück werth, während Zobel südlich vom St. Lorenzbusen oft nur 5 Thaler kosten. Fort York bezieht die Zobelfelle vom rauhen Norden, wo sie gröber im Haar sind; diese, sowie die Felle vom Makenzieriver und weiter südlich vom Moose River haben den Werth von 5 bis 15 Thaler. Von amerikanischen Zobeln, die wegen ihres mässigen Preises in allen Ländern, auch in Russland, viel verbraucht werden, verwendet England allein die grosse Mehrzahl**, besonders vielleicht, weil die Engländer die blonde und hellbraune Farbe lieben. Im Allgemeinen jedoch bedingt die dunklere Farbe neben der Qualität den höheren Werth. Die Schweife*** der Zobel sind gleichfalls werthvoll; sie werden mit ½ bis 2 Thaler bezahlt und zu Besätzen für Damenpelze und zu Mützen der polnischen Israeliten verwandt.

* Mit dem Namen „amerikanische Zobel" (американскій Соболь) bezeichnen die Russen die Felle des virginischen Iltis.
** Ein englisches Kürschnergeschäft, George Smith & Sons, kaufte allein eines Tages 30,000 amerikanische Zobel in einer Auction der Hudsonsbay-Compagnie.
*** Der Rauchwaarenhandel hat andre technische Ausdrücke als die Jäger.

Nerze

(lat. *mustela lutreola**, engl. *mink*, franz. *vison*, russ. *norka*) gehören zu den Mardern, und sind an Grösse und Lebensweise denselben ähnlich. Sie haben einen feinen, glänzend braunen Pelz, jedoch von kürzerm Haar als der der Zobel, und werden überall, im nördlichen Europa am meisten in Russland gefangen; die beiweitem grösste Anzahl aber und zugleich die schönsten Felle dieser Art liefert Nord-Amerika und hier ist besonders die Ostküste, Neu-England, der Staat Maine, das Gebiet, welches die geringsten Zobel, jedoch die feinsten und dunkelsten Nerze liefert.

Amerikanische Nerze gelten jetzt 3 bis 10 Thaler, während russische nur 1 bis 2 Thaler per Stück werth sind. Erstere haben feineres und darum haltbareres Haar. Man kann das Haar der amerikanischen und russischen Nerze wie Seide und Zwirn vergleichen. Verbraucht werden Nerze in Deutschland zu Pelzfuttern und Kragen, in Frankreich zu Garnituren, in jüngster Zeit verwenden die Amerikaner ihre schönen Nerze fast alle selbst; während die Männer in politischen Unbilden und Kriegsgetümmel verwickelt sind, scheinen die Frauen sich in kostbarem Pelzwerk warm zu halten.

* Die lateinische Benennung ist nicht massgebend, weil der Nerz mit den Ottern nichts gemein hat als allenfalls die Farbe und nicht im Wasser lebt; denn er hat keine Schwimmhaut und lebt, wie der Marder und Iltis, gern auf Bauerhöfen. Auch giebt es kein Thier, welches man Sumpfotter benennen könnte; alle Ottern sind viermal so gross und leben nur in klaren Teichen und See'n, wo sie am liebsten sich von Fischen nähren.

Edelmarder oder Baummarder

(lat. *mustela martes*, engl. *Baummarten*, franz. *Martre de Prusse*, russ. *Kunitza*),

auf dem ganzen europäischen Continent und in Asien in Wäldern lebend, ist von der Grösse der Zobel; jedoch ist sein Schweif länger, und, entweder weil die bräunliche Farbe dem Zobel gleicht, oder zum Unterschiede vom Hausmarder, hat man ihn Edelmarder genannt. Die Felle werden mit 5 bis 10 Thaler per Stück bezahlt. Die schönsten Edelmarder liefert Norwegen, die nächsten Schottland, und nun nach der Reihe Italien (das dunkelbraune etwas kurzhaarige Felle liefert), dann Schweden, Norddeutschland, die Schweiz und die bayrische Hochebene, die Tartarei, Russland, die Türkei und Ungarn.* Amerika hat weder Edelmarder, Steinmarder noch Iltis. Edelmarder ist ein leichter, warmer und angenehmer Pelz, und wird vornehmlich in Russland, wo man diese Eigenschaften zu schätzen weiss, zu Pelzfuttern verbraucht.

Steinmarder

(lat. *mustela foina*, engl. *stonemarten*, franz. *fouine*),

in allen Gegenden, wie der Vorige, doch mehr auf Hühnerhöfen und in Mauern lebend, weniger in Wäldern, hat dunkelgraue Farbe, zweizölliges, gröberes Haar und einen schwärzlichen 8 Zoll langen Schweif. In Ungarn und der Türkei, wo es die am wenigsten schönen Baummarder giebt, findet man die schön-

---

* Um diese Felle nach ihrem Werthe zu ordnen, mussten wir sonderbare Sprünge auf der Landkarte machen.

sten, dunkelsten und grössten Steinmarder. Ihr gegenwärtiger Preis ist 3½ bis 4½ Thaler per Stück.

Die Felle werden meistentheils in Russland, in Polen, Amerika, England und Frankreich zu Pelzfuttern und Garnituren verbraucht; in England färbt man sie ähnlich dem Canada-Zobel, in Russland den sibirischen Zobeln gleich.

Iltis

(lat. *mustela putorius*, engl. *fitch*, franz. *putois*, russ. *choriok*), der gefürchtete Bewohner der Hühnerhöfe, heimisch in ganz Europa und Asien, hat 1½ zölliges Haar von gelblichem Grunde und schwärzlichen Spitzen, im Werthe von ½ bis 2 Thaler per Stück. Die besten Iltisfelle liefern die bayrische Hochebene, dann Holland, Norddeutschland und Dänemark, weniger gute Ungarn und Polen, und die geringsten Russland und Asien. Russland liefert kleine, schwärzliche, sogenannte schwarze Iltisse, Asien hellgelbliche, sogenannte weisse, die sehr geringen Preis haben.

Die Mehrzahl dieser Felle wird, wahrscheinlich weil sie im Verhältnisse zu ihrer Schönheit und Nutzbarkeit einen mässigen Preis haben, in den Productionsländern selbst verbraucht; doch wird eine grosse Anzahl nach Amerika und ein Theil sehr guter Felle nach Schweden und Finnland ausgeführt.

Eine Untergattung bildet der in Russland vorkommende

Perwitzky

(lat. *mustela sarmatica*),

welcher eine bräunliche Farbe, und überall gelbe kleine Flecken hat. Sein Pelzwerk ist von geringer Bedeutung im Handel.

Kolinsky

(lat. mustela sibirica),

tartarischer Marder, ist nur in Asien zu Hause, von gelbröthlicher Farbe und 1¼ Zoll langem Haar. Sein jetziger Werth ist 1¼ bis 1½ Thaler per Stück. Man verarbeitet ihn in Russland zu Pelzfuttern und verbraucht ihn in England gefärbt als Zobel; die Schweife sind ½ Thaler werth und liefern vorzügliche Malerpinsel.

Hermeline

(lat. *mustela erminea*, engl. und franz. *ermine*, russ. *gornostai*), mit unserm Wiesel verwandt, werden nur in Sibirien und Russland, jedoch in grosser Anzahl, gefangen. Die besten Gattungen kommen von Barabinsk und Ischim: geringe Sorten von Jenisei und Jakutsk. Das Hermelin ist von rein weisser Farbe* mit schwarz gespitztem Schweifchen. Der Preis ist je nach Schönheit nur 10 bis 30 Thaler per Zimmer von 40 Stück, weshalb sie wohl weniger der Kostbarkeit als hauptsächlich der glänzenden Weisse wegen als Fürstentracht gelten. In England und Frankreich sind sie seit 15—20 Jahren eine allgemeine Tracht geworden, neuerdings auch in Amerika, und seit einigen Wintern erscheinen auch unsere Damen in Assembleen und Concerten in diesem glänzend weissen Pelze, dem Spiegel der Reinheit.

* Das Hermelin wechselt, wie andere Thiere, mehrmals seinen Pelz, der im Winter weiss, im Sommer aber graugesprenkelt oder bräunlich ist.

Eichhörnchen

(lat. *sciurus*, engl. *squirrel*, russ. *bielka*, auch *Feh*, *Veh* oder *Grauwerk*, davon das franz. *petit gris*),

gehören in die Gattung der Nagethiere. Man findet sie überall im Norden, wo es Wälder giebt; Amerika liefert schwarze und graue, fast werthlose Felle, Schweden und Finnland röthliche, Russland und hauptsächlich Sibirien producirt jedoch Millionen dergleichen graue und schwärzlich graue, schöne brauchbare Felle. Die Eichhörnchen sind um so heller, je westlicher ihr Vaterland ist, die dunkelsten liefert der Osten Sibiriens. Die letzten, welche am höchsten geschätzt werden, kommen aus Ochotsk, Nertschinsk, Jakutsk, Tunginsk und Irkutsk, die helleren Felle aus Kasan, Jenisei, Kusnetz und Wologda. Nur der Rücken ist grau, der Bauch weiss, der Schweif mehr oder weniger schwarz. Sie werden je nach Ursprung und Schönheit mit 8 Thaler bis 35 Thaler per 100 Stück bezahlt. Die Felle dienen zu Pelzfuttern und Garnituren. Die Rücken liefern graue, die Bäuche bunte, d. h. grau und weisse Pelzfutter. Die Kürschner, welche im Norden Deutschlands und in Dänemark Bundfutterer, Bundmager heissen, mögen wohl von diesen Pelzwerke ihren Namen abgeleitet haben.* Der Name Kürschner entstammt dem altdeutschen Wort „küren" (auswählen); Auswahl und Zusammenstellung der Felle ist der Kürschner hauptsächlichste Kunst. Eichhörnchen werden überall, wo durch Bedürfniss und Mode zu Pelzkleidung Veranlassung geboten ist, verbraucht. China, Russland, Amerika, Deutsch-

---

* Das Gewerbe war aber früher in zwei verschiedene Zweige streng geschieden, nämlich in Buntfutterer und Pelzer, welche letztere ausschliesslich Lamm- und Schaffelle bereiten, verarbeiten und verkaufen durften, wogegen den Buntfutterern der Handel mit diesen Fellen verboten war.

land, Frankreich und England sind für diesen Artikel die Hauptconsumenten. Die Schweife, welche sowohl von diesen, als von den meisten andern Pelzthieren einen besondern Handels- und Verbrauchsartikel bilden, dienen zu Boas, zum Ausputz anderer Pelzgegenstände und andererseits auch zu Malerpinseln. Es finden sich in China, Russland und Finnland auch fliegende Eichhörnchen, bei denen sich eine schmale, 2 Zoll breite Schwunghaut zwischen den Vorder- und Hinterfüssen ausbreitet. Ihr Haar ist feiner, länger und nicht so dicht, wie bei den gewöhnlichen Eichhörnchen; die Haut ist sehr dünn. Man findet sie nur in solcher Minderzahl, dass sie selten zu Pelzwerk gebraucht werden.

Bisam

(lat. *lemmus zibethicus*, engl. *musquash*, *musqrat*. franz. *rat musqué*).

ein Erzeugniss Asiens, und besonders Nord-Amerika's, wo sie an den Seen jährlich zu Millionen gefangen werden. Sie haben weiches, einen Zoll langes Haar, und werden je nach Schönheit mit 25 bis 100 Thaler per 100 Stück bezahlt. Es giebt in Amerika hellbraune, dunkelbraune und schwarze Bisam, die schönsten Felle der letztern Gattung jedoch in Russland. Diese sind besonders wegen der silbergrauen Bäuche sehr beliebt. Vor 20—30 Jahren, als die Männer grösstentheils Hüte von Hasen-, Biber- und Bisamhaar trugen, wurden Bisamfelle zu Pelzwerk wenig oder gar nicht gebraucht. Erst, als die Mode sich den Seidenhüten zugewandt hatte und die Bisamfelle dadurch sehr billig geworden waren, nahm die Speculation sich dieser Felle für den Pelzwerkverbrauch an. Anfangs fand man den etwas moschusartigen Geruch nicht angenehm, man hat sich aber daran gewöhnt, und zur Zeit wird dieses Pelzwerk überall in Amerika, China, Russland, in der Türkei, in Aegypten, Italien, Frankreich und besonders in Deutschland viel getragen. Ueber 3 Millionen Stück werden jetzt jährlich zu weichen, warmen und gutaussehenden Pelzen, Kragen und Muffen verbraucht.

Hamster

(lat. *cricetus*),

zu den Nagethieren gehörend, leben in der gemässigten Zone Europa's und zum Theil in Sibirien. In Deutschland sind sie häufig in den Harzgegenden, und es bildet die Verarbeitung derselben zu Pelzfuttern in den Städten Quedlinburg und Halberstadt einen hervorragenden Industriezweig. Das Haar ist kurz und dünn, der Rücken goldig-grau, die Seiten gelb, der Bauch schwarz. Es kommen jährlich eine Anzahl von 6—800 Dutzend Hamsterfutter in den Handel, die je nach der Grösse 15 bis 36 Thaler per Dutzend kosten und in Deutschland, Italien, Frankreich und der Türkei verbraucht werden. In dieselbe Gattung gehören die Felle der Siebenschläfer (Billichmäuse) wie die der Maulwürfe und anderer kleiner Pelzthiere, die jedoch, ihres geringen Werthes wegen, eigentlich keinen Handelsartikel bilden.

Chinchilla

(lat. *eriomys chinchilla*),

zu den wenigen Pelzerzeugnissen Süd-Amerika's gehörend, haben ihren Namen von dem Lande Chile, wo schwedische Kaufleute (das schwedische Wort „Chin" heisst Fell) sie wahrscheinlich zuerst gefunden haben. Nur in jenen regenlosen Landstrichen, auf feinsandigem Boden, kann ein so zarter Pelz wie der der Chinchilla sich erhalten. Das seidenweiche Haar misst 1¼ Zoll, die Farbe ist silbergrau und schwärzlich melirt. Der Preis ist 15 bis 30 Thlr. per Dutzend. Es ist ein angenehmes, für Damen sehr kleidsames Pelzwerk, das bald in Paris, bald in London, New-York oder St. Petersburg zur ersten Modetracht erhoben, zur Zeit wieder in Paris in höchster Gunst ist. Neben den echten Chinchillafellen liefern dieselben Gegenden verschiedene Abarten dieser Felle, als: Chinchillone, die gross und schmutzig gelb sind, und Bastard-Chinchillas, die klein und kurzhaarig sind. Beide letztere Gattungen sind unschön und haben wenig Werth.*

Wir wenden uns jetzt einer der am weitesten verbreiteten Familie von Pelzthieren zu, den Füchsen.

Schwarz- und Silberfüchse

(lat. *canis argentatus*)

nehmen durch ihre Schönheit und Kostbarkeit den ersten Rang ein. Dieselben finden sich hauptsächlich in Sibirien, auf den Aleuten und im nördlichen Theile Nord-Amerika's. Die

* Als ein Beweis, wie gefährlich der Handel mit Rauchwaaren bei Mangel an Waarenkenntniss ist, diene Folgendes: Ein englischer Pianoforte-Arbeiter in Chile schickte seiner Mutter in London vier Dutzend schöne Chinchillas. Als die Frau, welche eher arm als reich war, erfährt, dass die Felle den Werth von 48/ Sterl. per Dutzend haben, verkauft sie dieselben, anstatt sie für ihren Gebrauch verarbeiten zu lassen, und schreibt ihrem Sohn unter Dank für das Geschenk, dass der Erlös aus dem Verkaufe ihr von ungleich grösserm Nutzen gewesen sei, als die Felle selbst ihr hätten bieten können. Der Sohn hatte nur etwa den zehnten Theil des Werthes für dieselben bezahlt und berechnete nun, dass, wenn er seine Ersparungen von einigen hundert Pfund Sterling in solchen Fellen anlege, er ebensoviele Tausend Pfund haben würde, womit er in England dann ein Geschäft errichten könne. Aber statt der ächten kaufte er in seiner Unkenntniss diesmal Bastard-Chinchillas, deren Versendung nach England ihm nicht nur keinen Gewinn, sondern Schaden brachte.

amerikanischen sind bei weitem schöner und viermal so viel werth, als die sibirischen. Die schönsten Felle liefert das Hudsonsbay-Territorium und die Labrador-Küste. Das Thier hat die Grösse unserer rothen Füchse, das Fell ist aber glänzend schwarz oder silbrig; solche, welche gar keine oder wenig silbrige Haare haben, heissen Schwarzfüchse und diese sind die kostbarsten, da ein solches Fell mit circa 300 Thalern bezahlt wird. Silbrige Felle kosten je nach Schönheit 50 bis 200 Thaler. Das Haar ist sehr dicht und fein, dabei 2½ Zoll lang. Die äusserste Spitze des Schwanzes ist weiss. Die eigenthümliche Verschiedenheit des Haares an jedem Fell veranlasst die russischen Kürschner, dieselben zu zertheilen und die einzelnen Stücke des Nackens, der Kehle, des Bauches und des Rückens besonders zu Pelzen zusammenzustellen; so kann man nicht sagen, dass man aus 25 schönen Fellen einen schönen Pelz anfertigen könne, aber aus 120 Stück lassen sich fünf schöne Pelze herstellen. Auch die Füsse und untern Theile des Schwarzfuchses liefern noch kostbares Pelzwerk. Die aus den Kehl- und Nackenstücken verfertigten Pelze sind am werthvollsten, und es kostet ein solcher oft 7 bis 8000 Rubel. Sie sind hauptsächlich die Tracht des alten russischen Adels und weil sie sehr leicht sind, werden sie vornehmlich von den Frauen getragen.*
Jedoch kleiden sich auch der Sultan der Türkei und und andere höchste und hohe Herren in solche Pelze.

Die an Werth den Silber- und Schwarzfüchsen zunächst stehende Art, ist die der

* Zu der Hochzeitsausstattung einer vornehmen Dame in Russland gehören vier oder fünf Pelze, nämlich einer von Schwarz- oder Kreuzfüchsen, einer von Blau- oder Rothfüchsen, einer von Zobeln oder Mardern, einer von Fehrücken oder Fehbäuchen. Andere Klassen tragen theilweise weniger kostbare Pelze; doch wer es irgend bezahlen kann, muss mehr als einen Pelz besitzen.

Kreuzfüchse

(lat. *canis cracigera*, engl. *crossfox*, franz. *renard croisé*, russ. *siwaduschki*).

Sie haben mit den vorhergenannten die Productionsländer gemein. Nord-Amerika liefert die schönsten Felle dieser Gattung, während die sibirischen grobhaariger sind. Der Rücken des Felles ist mehr oder weniger roth- oder gelbbräunlich und bildet ein dunkles, farbiges Kreuz; der Bauch und die Kehle sind schwarz. Die röthlichen Felle, wenn sie indess noch schwarze Bäuche haben, heissen im Handel Bastardfüchse und nähern sich den rothen Füchsen im Preise. Der Preis guter Kreuzfüchse ist 15—40 Thaler per Stück. Auch bei diesen Fellen werden die Nacken, Rücken, Kehlen und Bauchtheile, ein jeder Theil besonders, verarbeitet. Es liefern die Bäuche kostbare Frauenpelze, die Rücken schöne Männerpelze, welche ausschliesslich in Russland getragen werden. Die Pfoten werden von den Chinesen gekauft.

Blaufüchse.

Sie finden sich überall im hohen Norden. Die schönsten und grössten Felle dieser Gattung liefert das russische Gouvernement Archangel am weissen Meere, nächstdem die Labradorküste und die am nördlichen Eismeere gelegenen Länder Nordamerika's, dann Grönland und Island, von welchem letzteren Lande sie grobhaariger und geringer Qualität sind. Sie haben eigentlich eine mehr graue als blaue Farbe, liefern ein feines, leichtes Pelzwerk, und werden zu Pelzfuttern und

Kragen in Russland und Polen gern gebraucht. Der Zeitwerth dieser Felle ist 10 bis 25 Thaler per Stück.

Weisse Füchse

(lat. *canis lagopus*)

sind ebenfalls Erzeugnisse nördlicher Polargegenden, die besten liefert Labrador und Ruppertsland, weniger gute Asien, Russland, Grönland und Island. Sie ziehen in sehr kalten Wintern weiter südlich, wo sie von Indianern und Ansiedlern erlegt werden. Weniger kalte Winter liefern deshalb eine geringere Anzahl weisser Fuchsfelle. Sie geben einen warmen leichten Pelz und werden in China in Russland, und besonders in der Türkei * viel als Damenpelzfutter getragen. Derzeitiger Werth der weissen Fuchsfelle ist $1\frac{1}{2}$ bis 4 Thaler per Stück.

Rothe Füchse

(lat. *canis vulpes*, engl. *redfox*, franz. *renard rouge*).

Diese liefert die nördliche Hälfte der nördlich gemässigten Zone um den ganzen Erdkreis. Mit dem Fortschritt der Cultur und dem Anbau des Landes scheinen die Füchse sich nicht zu vermindern; nur in England sind sie selten geworden, doch

* Ein griechischer Kürschner aus Constantinopel erzählt: Ein Türke habe bei ihm für eine seiner Frauen einen weissen Fuchspelz anfertigen lassen, und als er die nächsten vierzehn Tage bei einer andern gewohnt, habe auch diese sich einen solchen gewünscht. Der Türke, glaubend, dass weisse Hasen, welche wohlfeiler sind, wohl auch genügend seien, konnte sie mit solchem Pelze nicht befriedigen; er sah sich der grössten Heftigkeit seiner zweiten Frau ausgesetzt, und musste ihr auch ein weisses Fuchsfutter machen lassen.

liefert Deutschland fast regelmässig jährlich etwa 100,000 Stück. Die besten rothen Füchse erhalten wir von der Labradorküste, von Norwegen und den Aleuten, ferner nach der Reihe von Canada, Schweden, dem Innern Russlands, Sibirien, Dänemark, der Schweiz, Bayern, Steiermark, Norddeutschland, den Rheinländern, Frankreich, Italien und Spanien. Während die erstgenannten 5 bis 8 Thaler, deutsche Füchse $1\frac{1}{2}$ bis $1\frac{3}{4}$ Thaler kosten, sind die italienischen und spanischen kaum $\frac{1}{2}$ Thlr. per Stück werth. Der Rücken ist heller oder dunkler röthlich feuerfarben, oft auch hellgelb, — der Bauch weisslich oder grau, Läufe schwärzlich. Rothe Füchse werden am meisten in der Türkei, in Russland und Polen verbraucht. Man macht besondere Pelzfutter je von den Nacken, den Kehlen, dem Kreuze, den Rücken und den Bäuchen der Fuchsfelle; auch werden die Füsse und Schweife* besonders verwendet.

Gris-Füchse

(lat. *canis cinereo-argenteus*, engl. *greyfox*, franz. *renard virginie*).

Sie werden nur in Canada und im Norden der vereinigten Staaten vorgefunden. Das Haar ist grob, der Rücken silbergrau gesprenkelt, die Seiten gelb und der Bauch aschgrau. Sie werden in Russland, Polen und Deutschland zu Pelzfuttern verwendet, namentlich zu Reisepelzen, zur Zeit auch, zu Frangen auf Tücher zerschnitten, in England verbraucht. Der Werth ist 1 — 2 Thaler pr. Stück.

* Die Schweife aller Füchse haben, weil sie grobwollig sind, nur sehr wenig Werth. Als Beweis des Strebens nach Mannigfaltigkeit in der Natur möge hier angeführt werden, dass die rothen, die schwarzen und die Kreuz-Füchse eine weisse Spitze, die Gris- und Kittfüchse ein braunes, die Blau- und Weissfüchse ein kleines schwarzes Spitzchen am Schweife haben.

Kittfüchse

(lat. *canis caragan* oder *virginianus*),

auch Prairiefüchse und Steppenfüchse genannt, werden nur nordwestlich der Felsengebirge Nord-Amerika's und in der Tartarei, in beiden dieser Weltgegenden aber in grosser Anzahl gefunden. Sie sind kleiner, als andere Füchse; das Haar ist weich und dicht, der Rücken hellgrau, die Seiten gelb, Kehle und Bauch weiss. Der gegenwärtige Preis ist $1\frac{1}{2} - 1\frac{3}{4}$ Thaler pr. Stück. Sie werden am häufigsten in China, in Polen und Deutschland zu leichten Pelzfuttern verbraucht.

Waschbären (Schuppen)

(lat. *procyon lotor*, engl. *raccoon*. in Russland *genott*, in Frankreich fälschlich *marmotte*, auch *raton* genannt).

Sie sind Erzeugnisse Nord-Amerika's, weniger des hohen Nordens, als der Verein. Staaten und Canada's, und werden in grösster Anzahl in den Staaten Michigan, Wisconsin, Missouri, Illinois, Ohio, auch noch in Arkansas und Tenessee vorgefunden. Sie haben graubraunes, mehr oder weniger dunkles, dichtwolliges Haar; der 7 Zoll lange Schweif ist gelbbraun mit schwarzen Ringeln. Der Werth ist in vielen Stufen je nach Qualität und Farbe $\frac{1}{2}$ bis 20 Thaler per Stück. Schuppenfelle bilden unter dem Pelzwerk einen Hauptartikel, der besonders in grossen Quantitäten nach Russland verkauft wird; dort, sowie auch in Deutschland, trägt man davon die allgemein bekannten und beliebten Reicspelze (Schuppenpelze).

Virginische Iltis

engl. *fisher*, franz. *pekan**, von den Russen *ilka*, auch amerikanischer Zobel genannt,

kommen aus dem englischen Amerika und den nördlichen Gegenden der vereinigten Staaten. Das schöne, etwas starke dunkelbraune Haar ist 1¾ Zoll lang, der 12 Zoll lange Schweif ist buschig und schwarz. Derzeitiger Werth ist 10 bis 20 Thlr. per Stück. Kaum eignet sich irgend ein anderes Fell besser zu Männerpelzen, doch kommen dieselben freilich etwas hoch zu stehen, nämlich auf 400 bis 1000 Thaler. In Russland bilden sie eine sehr geschätzte Pelzkleidung. Die Schweife, welche gleichfalls 1½ bis 3 Thlr. das Stück kosten, dienen den alt-frommen Juden im südlichen Russland zum Besatze der Feiertagsmützen**.

Skunks

(lat. *mephitis putorius*)

werden nur im Norden der Vereinigten Staaten und in Brittisch-Amerika gefunden. Sie sind 16 Zoll lang, und 8 Zoll breit, haben dunkelbraunes 1¾ Zoll langes Haar und zwei mehr oder weniger markirte weisse Streifen der Länge

---

* Die Naturgeschichte erzählt von diesem wichtigen Pelzthiere sehr wenig und alsdann unter dem französischen Namen *Pekan*. Mit dem deutschen Iltis hat er durchaus keine Aehnlichkeit. Er ist mehr als noch einmal so gross wie dieser, lebt in Wäldern und hat eher Aehnlichkeit mit dem Vielfrass.

** Als der Kaiser Nikolaus diese Tracht verboten oder doch mit einer hohen Steuer belegt hatte, fiel der Preis der Virgin. Iltisschweife auf ⅓ Thaler per Stück, und erst seit 1½ Jahren, während der milden, duldsamen und wohlwollenden Regierung des jetzigen Kaisers Alexander haben sie wieder ihren früheren Werth erreicht.

nach über den Rücken. Ein langer grobhaariger Schweif dient ihnen zur Waffe; derselbe ist ohne Werth. Diesen Thieren eigenthümlich ist ein durchdringender Geruch, weshalb sie bis vor wenig Jahren vom Pelzhandel entfernt geblieben sind. Nachdem man aber gelernt hat, durch neuere Bereitungsweise den Geruch zu entfernen, sind sie ein brauchbares und in Russland und Polen beliebtes Pelzwerk geworden. Der gegenwärtige Preis ist $1\frac{1}{4}$ bis $2\frac{1}{2}$ Thaler per Stück, Von diesen Thieren giebt es in den Staaten Michigan, Illinois und besonders in Ohio eine grosse Anzahl, indess kann nur ein lohnender Preis die Jäger veranlassen, sich mit dem Fange derselben zu beschäftigen, Es kamen bis vor wenigen Jahren nur 1000 bis 2000 nach Europa; jedoch ist die Zahl im gegenwärtigen Jahre 1863 auf über 120,000 Stück angewachsen.

Opossum

(lat. *didelphys virginiana*)

leben in grosser Anzahl in Ohio, Arkansas und andern südlichen Staaten der amerikanischen Union; auch finden sie sich in geringer Menge in Australien. Die amerikanischen haben ein weissliches Flaumhaar mit langem, grobem, grauem Deckhaar, welches die Amerikaner sehr schön den deutschen Mardern und Iltissen ähnlich zu färben wissen. Die australischen haben graues, mehr krauses dichtes Haar; die Neuholländer verarbeiten sie oft zu Decken und vertauschen sie an die Ansiedler, auf welche Weise sie gelegentlich in den Handel kommen, sie haben indess keinen festen Werth. Die amerikanischen sind zur Zeit sehr wenig begehrt und kosten etwa $\frac{1}{4}$ Thlr. per Stück. Vor wenig Jahren hatte die Mode in Canada sie auf $1\frac{1}{2}$ bis 2 Dollars gesteigert. Man verarbeitet sie zu Pelzfuttern, die gefärbten zu allerlei Galanterieartikeln.

Bären
(lat. *ursus*, russ. *medwied*)

sind die Bewohner der Wälder nördlicher Zone, der Eismeerküste, theils aber auch der gemässigten Zone Amerika's und unseres europäischen Continents, einzelne sogar Südamerika's. Wir unterscheiden schwarze, braune, graue und weisse Bärenfelle von den verschiedensten Grössen, nnd reden zuerst von den

Schwarzen Bären
(lat. *ursus americanus*).

Davon produzirt das engl. Nordamerika nicht nur die bei weitem grösste Anzahl, sondern auch die besten und feinsten Felle. Russische schwarze Bärenfelle, selbst die des Russischen Amerika sind grobhaariger und von dickerem Leder; diejenigen von Südamerika haben eine dicke Haut und borstenähnliches Haar. Man theilt die schwarzen Bärenfelle nach ihrem Zwecke ein, nämlich in grosse, starkhaarige (Armeebären) für den Gebrauch des Militärs, zu Calpacs, Grenadiermützen, die geringeren zu Schabracken und Decken; ferner in grosse, feinhaarige oder Pelzbären, deren Benennung schon den Zweck ausspricht, endlich in Cubbären*, eine kleine, feinhaarige und feinledrige Gattung, welche feine, leichte Pelze liefert und nach Verhältniss der Kleinheit am theuersten ist. Wie man die schwarzen Bären in noch viel mehr Klassen bringen kann, so ist auch der Werth sehr verschieden und in allen Abstufungen von 8 bis 40 Thaler per Stück anzunehmen.

* Unter Cubbären sind, obwohl sie klein sind, doch nicht junge Bären zu verstehen; denn es ist eine eigene Bärengattung Nordamerika's, welche so klein bleibt; junge Bären aller Art haben wegen des noch schwachen Haarwuchses wenig Werth.

Braune Bären

(lat. *ursus arctos*)

kommen nur aus Brittisch-Nord-Amerika und sind heller oder dunkler isabellfarbig, mitunter von sehr feinem Haar. Von diesen werden die hellen, feinen Felle zum Zwecke der Frangenbereitung für Damenshawls oft mit über 100 Thaler per Stück bezahlt.

Graue Bären

(lat. *ursus ferox*)

sind eine von den vorhergehenden sehr verschiedene Gattung. Sie finden sich am meisten im hohen Norden Nordamerika's, doch auch viel in Russland und in kleiner Anzahl in Schweden, Ungarn und der Schweiz. Von diesen liefert Russland die schönsten silber- und goldspitzigen Felle; letztere werden auch Goldbären genannt. Der Werth ist 15 bis 25 Thlr. per Stück.

Weisse Bären (Eisbären)

(lat. *ursus maritimus*)

von der nördlichen kalten Zone und allen Ufern und Inseln des nördlichen Eismeeres. Diese sind (neben den braunen Bären) die grössten und oft 12 Fuss lang. Das Haar ist stark, schneeweiss und 2½ Zoll lang. Sie dienen als Fussdecken in Zimmern, auch als Feldbetten, und werden je nach Schönheit von 20 bis 60 Thaler per Stück bezahlt*.

* Da man in den Eismeer-Gegenden wegen der Kälte die Felle nicht wohl trocknen kann, so werden sie meistentheils frisch gesalzen, in Fässer gepackt und nach Europa gesandt. Bei diesem Prozesse dringt aber oft Fett und Thran in das Haar, gelbe Flecke verursachend, die den Werth des

Luchse

(lat. *felis lynx*, engl. *lynx*, franz. *loup-cervier*, russ. *rys*) werden in Sibirien, in China, Russland, dem Norden Amerika's, in Schweden und Norwegen und einzeln noch in der Schweiz gefangen. Der Rücken ist von hell ziegelgrauer Farbe, der Bauch weisslich, theils schwarz gesprenkelt. Die bei weitem schönsten und grössten Exemplare, welche besonders wegen ihres schwarzgefleckten Bauches und gleichen Füssen sehr geschätzt sind, findet man in Schweden. Russische Luchse sind weniger gross und fein, Amerika liefert die meisten, jedoch einfarbigen Luchse, bei denen die Zeichnung am weissen Bauche wenig markirt ist. Der Preis ist 4 bis 16 Thaler per Stück (letzterer wird jedoch nur für die schönsten schwedischen bezahlt). Die sehr weichen Felle werden in Russland und China zu Pelzfuttern, auch in der Türkei zu Damenpelzen verbraucht; in Aegypten werden besonders die besten schwedischen Luchse verarbeitet, hier sowohl, wie in den österreichischen Staaten auch viel in dunkelbraun gefärbtem Zustande. Die Pfoten werden von den Tartaren zu Mützenbesätzen verwendet.

Luchskatzen

(lat. *felis rufa*, engl. *cat common*, in Amerika *wild-cat*, franz. *Chat cervier*)

finden sich nur in den nördlichen Theilen der vereinigten Staaten und dem Oregon-Gebiet. Sie sind dem Luchse sehr

Felles sehr herabsetzen. Um dieses zu verhindern binden dänische Grönlandsfahrer die Bärenfelle bisweilen hinten am Schiffe fest, um sie durch die See nach Hause zu schleifen. Dieses mag wohl die Fahrt um ein paar Tage verlängern; doch sind die auf diese Weise ankommenden Felle die schönsten und kostbarsten.

ähnlich, jedoch kaum halb so gross und kurz- und grobhaariger. Man verbraucht sie am meisten in der Türkei. Der Preis ist 1 bis 2 Thaler per Stück.

Wilde Katzen siehe Seite 88.

Wölfe

(lat. *canis lupus*, engl. *wolf*, franz. *loup*, russ. *wolk*)

sind in der nördlich gemässigten und kalten Zone der Erde weit verbreitet. Wir finden die grössten und schönsten Felle dieser Art an der Labradorküste und dem East-Maine-Gebiet, ferner in den von Esquimaux bewohnten Ländern in grosser Anzahl, jedoch weniger gross und schön sind sie in dem weiter westlich von der Hudsonsbay gelegenen Länderstriche, sehr häufig auch in Sibirien, Russland und Polen, sowie in der Türkei, weniger in Frankreich; in Deutschland sind sie gänzlich ausgerottet. Die hierhergehörenden Schakals endlich trifft man im Norden wie im Süden Afrika's, in Algerien sowohl, wie im Kaffernlande. — Wölfe sind 4 bis 8 Fuss lang, meistentheils graubräunlich, es giebt jedoch unter den feinern Arten auch weisse, schwarze und graublaue Wölfe. Die guten Felle liefern warme Pelze, die viel in Ungarn verbraucht werden, auch benutzt man sie in Amerika, England und Frankreich zu Decken. Die schönsten weissen und schwarzen Felle werden von den Griechen für die Türkei gekauft. Der Preis ist je 1½ bis 20 Thaler per Stück.

Büffel

(lat. *bos americanus*).

In verschiedenen Ländern und Welttheilen leben wilde Büffel, welche im warmen Klima dünnes Haar bei sehr starker Haut haben und nur zur Lederbereitung dienen. Hier ist indess nur von nordamerikanischen Büffeln die Rede, welche im Territorium der Hudsonsbay-Compagnie und auf den westlichen Prairien der vereinigten Staaten erlegt werden. Dieselben sind 8 bis 12 Fuss lang und beinahe eben so breit, haben graubraunes dichtwolliges Haar und eine feine geschmeidige Haut, welche die Indianer trefflich zu bereiten wissen. Weil der Buckel herausgeschnitten ist, so erscheint das Fell wie von zwei Theilen zusammengesetzt. Sie sind nützlich zu Reisedecken und Feldbetten und werden grösstentheils in Amerika gebraucht. Der Preis für Primafelle ist 15 Thaler, kleine und mittlere Qualität 10 Thaler, dritte Sorte 5 Thaler per Stück.

Vielfrasse *

(lat. *gulo articus*, engl. *wolverin*, franz. *glouton*)

nur im brittischen und russischen Nordamerika und in Norwegen vorgefunden, sind von hell- und dunkelbrauner Farbe und haben auf dem Rücken einen schwärzlichen Sattel. Das Haar ist 2½ Zoll lang und ziemlich hart, der Preis 3 bis 6 Thaler per Stück. Sie werden in Polen zu Männerpelzen, in Amerika und Frankreich zu Decken benutzt.

Dachse

(lat. *meles taxus*, engl. *badger*, franz. *blaireau*)

werden in der nördlich gemässigten Zone des ganzen Erdballes gefangen. Sie sind 3 Fuss lang und 2 Fuss breit. Das 3 bis 4½ Zoll lange Haar hat weissen Grund und schwarz und

* Der schwedische Name ist Filfras, von welchem Laute, obgleich das schwedische Wort keineswegs gleiche Bedeutung hat, die deutsche Benennung Vielfrass abgeleitet ist.

silberhelle Spitzen und wird lediglich zu Rasirpinseln verwendet. Die Haut dient zur Lederbereitung. Die ganzen Felle werden auch zu Militairtornistern und von den Frachtfuhrleuten zum Staate oder zum Schutze der Pferdegeschirre benutzt. Die deutschen Dachse sind die besten; dann folgen die dänischen, ungarischen, russischen und tartarischen. Die amerikanischen Dachse haben weiches, nicht borstiges Haar und werden oftmals als Pelzwerk verbraucht. Werth der Dachse $2/_3$ bis 2 Thaler per Stück.

Biber

(lat. *castor fiber*, engl. *beaver*, franz. *castor*, russ. *bobr*)

sind an den Flussufern des europäischen und asiatischen Continents selten geworden; eine grosse und seit Anfang dieses Jahrhunderts unverminderte Anzahl producirt Canada, Brittisch-Amerika und Russisch-Amerika; die schönsten Biber kommen von der Labradorküste. Die Gebirgsströme der Rockymountains in Brittisch-Nordamerika liefern eine Gattung Biber, welche gross und von guter Qualität und hellfarbig, ja häufig fast weiss sind. Die Felle sind 3 Fuss lang, 2 Fuss breit und haben ein 3 Zoll langes, braunes grobes Oberhaar, und eine dichte, feine, graublaue 1½zöllige Grundwolle. Wenn nach der Bereitung des Felles das Oberhaar abgeschoren oder gerupft ist, liefert es ein schönes, jetzt in Russland, Deutschland und China sehr beliebtes Pelzwerk. Nach China sind die Biberfelle schon zu Anfang dieses Jahrhunderts zu dem Zwecke der Pelzbereitung ausgeführt worden; in Europa wurden sie erst seit etwa 15 Jahren dazu verbraucht, als sie nicht mehr zu Biberhüten verwendet wurden und dadurch auf den vierten Theil des früheren Preises gesunken waren. Der jetzige Preis ist 3 bis 10 Thaler per Stück.

See-Ottern (Kamtschatkische Biber)
(lat. *lutra marina*, russ. *kamtschatsky bobry*, engl. *sea-otter*, franz. *loutre de mer*)

werden an den nördlichen Ufern des stillen Oceans, sowohl an der Küste Californiens als des russischen Amerika's Kamtschatka's und Nord-Asiens erlegt. Die Felle haben eine Länge von 4 bis 6 Fuss, eine Breite von 2 bis 3 Fuss, und ein braun-schwärzliches, silberglänzendes, anderthalbzölliges dichtes, sammetartiges Haar. Der Preis der guten bis zu den schönsten Exemplaren dieser Art ist zwischen 100 und 500 Thlr. per Stück. Man kann von einem solchen Felle 3 bis 5 Mantelkragen machen, welche in Russland von allen Vornehmen, besonders militärischen Personen, und auch in andern Ländern von wohlhabenden Leuten getragen werden. Auch zu Kopfbedeckungen werden sie in Russland verbraucht und die Mandarinen in China tragen ganze Röcke davon, welche aus 3 Fellen zusammengesetzt werden.

Ottern (Fischottern)
(lat. *lutra*, engl. *otter*, franz. *loutre*, russ. *widra*)

in der nördlichen und nördlich-gemässigten Zone überall wo es Flüsse, Seen und Teiche giebt zu Hause. Wir nennen die am meisten bekannten Sorten von der geringsten bis zu den besten: ostindische, mexikanische, spanische, französische, deutsche, russische, dänische, schwedische, die von den südlichen amerikanischen Freistaaten, von den nördlichen, vom westlichen Canada, die verschiedenen Gattungen der Hudsonsbay-Länder, endlich die von Neu-England und

Labrador. Sie sind 3 bis 5 Fuss lang und 1¼ Fuss breit, das Haar ist dicht und die Farbe hellbraun bis zu bräunlich-schwarz und wie bei allen Pelzthieren, welche theilweise im Wasser leben, ist das Grundhaar sehr dicht und fein. Sie werden besonders viel in China zu Männermützen verwendet, aber auch in allen andern Pelzwerk verbrauchenden Ländern getragen. So braucht man sie in Bayern zu Hauben für Frauen, in Preussen zu Mützen der Husarenofficiere, in Canada zu langen Frauenhandschuhen. Der Preis der Otternfelle ist 4 bis 20 Thaler per Stück.

Pelzseehunde (Biberseehunde)

(lat. *phoca ursina*, engl. *fur seals*)

sind eine oder mehrere Gattungen von Robben, welche sich durch Grundwolle, die unter dem harten Oberhaar befindlich ist, von den übrigen gemeinen Seehunden unterscheiden. Man findet sie an allen Ufern des stillen und indischen Oceans, auch südlich vom Aequator im atlantischen Ocean. Es kommen die besten Felle von den Küsten Australiens, dann von den Lobos-Inseln, von den Falklands-Inseln, die geringsten vom Cap. Die dichte, feine, gelbe, seidenartige Grundwolle wird durch grobes, aschgraues Oberhaar verdeckt und geschützt. Sie werden im Handel nach der Grösse sortirt und in England mit folgenden technischen Namen bezeichnet: Wigs, welche oft 8 bis 9 Fuss lang und 4 Fuss breit sind, dann folgen die Larges, Middlings und Smalls, darauf die Large Pups, Middling Pups und Small Pups, letztere etwa 3 bis 4 Fuss lang. Sie kommen in den Handel gewöhnlich gesalzen und ungetrocknet, werden alsdann von dem groben Oberhaar befreit, zubereitet und dunkel kastanienbraun gefärbt*, auf welche Weise sie zu einem reich sammetartigen Pelzwerk gestaltet werden, das in Russland zu Männermützen und in England und Frankreich zu Mantillen und Westen für Damen sehr beliebt ist. Der Preis der Biberseehundsfelle ist 6 bis 20 Thaler per Stück.

Seehunde

(lat. *phoca*, engl. *seals*, franz. *veaux marins*).

Sie sind die Bewohner der europäischen Meere und des atlantischen Oceans. Die Küsten von Grönland, Labrador und dem nördlichen Eismeer liefern davon eine grosse Anzahl in allen Farben und Grössen von 3 bis 10 Fuss Länge und 2 bis 6 Fuss Breite. Hauptsorten sind: Blaumänner, Whitecoats (junge Blaumänner), Sattler, blauseitige, gesprenkelte und ordinäre. Blaumänner und Whitecoats werden zum Theil gefärbt und für Militair- und Sattlerzwecke verbraucht, die grösste Zahl von Seehunden aber wird zur Lederbereitung benutzt. Der Preis ist zwischen $^2/_3$ und 4 Thaler per Stück.

Koipu

(lat. *castor coypus*, engl. *nutria*, franz. *rat gondain* [*rayondin*]).

Diese findet man in grosser Anzahl in den La Plata-Staaten in Süd-Amerika. Es sind grosse biberartige Seeratten, welche ein dem Biberseehunde ähnliches Pelzwerk liefern, nachdem sie wie jene des Oberhaares entledigt sind. Die deutschen Kürschner nennen sie Affenfelle, zum grössten Theile jedoch werden die Felle von den Hutmachern zu Hutfilzen benutzt

* In diesem Zweige der Industrie steht England bis jetzt unübertroffen da.

Der Preis für zu Pelzwerk bereitete Felle ist 1 bis 2½ Thaler per Stück.

Hasen

(lat. *lepus timidus*).

Man findet dieselben in Europa und den benachbarten Theilen Asiens; in Amerika allein an der Labrador- und Esquimaux-Küste. Von grauen Hasen, deren Haar lediglich zu Hutmacherzwecken benutzt wird, liefert das asiatische Russland die besten Felle; die demnächst vorgezogenen sind die der Ukraine und unseres Sachsens, dann folgen die der Krimm und Schlesiens, ferner die ungarischen, türkischen, englischen u. s. w. Weisse Hasen*, die etwas kleiner sind und weniger Grundwolle als die grauen haben, liefert besonders die Küste der russischen Länder am nördlichen Eismeer. Theilweise werden auch diese zu Hüten, anderntheils aber entweder naturell oder gefärbt in England, in Amerika und der Türkei zu Pelzwerk verbraucht. Der jetzige Werth grauer Hasen ist 80 bis 130 Thaler, der der weissen 60 bis 70 Thaler per Ballen von 500 Stück.

* Naturgeschichten erzählen von veränderlichen Hasen, was aber von unbegründeter Ansicht herrührt. Die Jungen der weissen Hasen wie auch der weissen Füchse sind zwar im ersten Sommer ihres Daseins etwas grau, doch aber ist der weisse Hase eine andere Gattung als der graue und als selbst der russische halbgraue Hase. Der Beweis für diese Behauptung liegt aber, neben der Verschiedenheit der Productionsländer, in dem Haarreichthum, welcher bei den grauen viel grösser, bei den halbgrauen noch einmal so gross als bei den weissen ist, endlich darin, dass die weissen Hasen in der Regel viel kleiner sind. Von dieser Regel bilden nur die weissen Hasen der Esquimaux- und Labrador-Küste eine Ausnahme, indem diese noch einhalbmal so gross wie alle übrigen Hasen sind.

Kaninchen

(lat. *lepus cuniculus*, engl. *rabbits*, franz. *lapins*).

Es giebt fast in allen Ländern der nördlich gemässigten Zone Kaninchen, die meisten aber in Frankreich, England und Polen. Im erstgenannten Lande wird eine besonders grosse und pelzreiche Gattung gehegt, von dieser werden etwa 1½ Million zubereitet und theils naturell, theils gefärbt in den Handel gebracht; eine bei weitem grössere Anzahl wird zu Hüten verbraucht. Die schönsten Kaninchen liefert England, nämlich wilde schwarze, silberspitzige, die in Wildgärten (*warrens*) besonders gehegt werden und ein in Russland sehr beliebtes Pelzwerk liefern; neben diesen hat England aber noch eine grosse Anzahl grauer wilder, wie auch grösserer zahmer Kaninchen. In Polen hat man nur eine kleine Sorte von dem dritten Theile der Grösse der französischen, darunter wenig farbige, fast lauter weisse, von welchen mehr als eine halbe Million jährlich von sorgsamen und fleissigen Kürschnern der Städte Lissa und Fraustadt in Posen bereitet und zu Pelzwerk hergestellt werden. Die amerikanischen kleinen, wilden Kaninchen sind von Farbe weisslich-grau und liefern ein schwaches Pelzwerk von nur geringem Werthe. Kaninchen werden zu vielen Zwecken als billiges Pelzwerk verwendet. Preise von den geringsten bis zu den feinsten sind $\frac{1}{12}$ bis 1½ Thaler per Stück.

Katzen (Hauskatzen)

(lat. *felis catus var. vulgaris*).

Bei allen civilisirten Völkern acclimatisirt, sind sie zunächst der Farbe nach als schwarze, graue, bunte, rothe und weisse Katzen zu benennen. Die Schönheit des Felles dieser Thiere richtet sich weniger nach dem Klima, aus welchem sie stammen, als nach der Reinlichkeit der Häuser und der Pflege; desshalb liefert Holland* unter allen europäischen Ländern die vorzüglichsten, Russland die am wenigsten schönen Katzenfelle. Sie werden zu allen Zwecken, zu denen man Pelzwerk anwendet, verbraucht, in **Nord- und Süddeutschland**, in der **Wallachei** und **Italien** werden hauptsächlich die **schwarzen**, in **Schlesien und Galizien** die **grauen**, in der **Türkei weisse und rothe** verarbeitet. Der Preis für schwarze Katzen ist 1 bis 2½ Thaler, für die anderen Sorten ¼ bis ¾ Thaler per Stück.

Wilde Katzen**

(lat. *felis catus var. fera*).

Wir finden sie hauptsächlich in den Wäldern Russlands und Asiens, der Türkei, Ungarns, Süddeutschlands und Frankreichs. Sie gleichen in vieler Beziehung unsern grauen Cyperkatzen; doch sind sie grösser, das Haar ist fast noch einmal so lang, und der gelblich graue Schweif hat nicht wie bei unsern Hauskatzen schwarze Streifen, sondern vollständige schwarze Ringel. Sie geben ein weiches, doch wenig haltbares Pelzwerk und werden braungefärbt vielfach in der Türkei und Ungarn verbraucht. Der Preis ist ⅔ bis 1½ Thaler per Stück.

* In Holland und Norddeutschland werden viele verschnitten, wonach die Thiere gewöhnlich grösser und haarreicher werden.

** Die Wildkatzen, welche die vereinigten Staaten liefern (*cat common*), sind eine ganz andere Thiergattung. Diese sind mit dicken Füssen und einem luchsähnlichen Schweife versehen, weshalb sie bei den Luchsen erwähnt worden sind.

Die Felle der ostindischen Zibethkatzen, welche gelbbraun und schwarzgefleckt sind, haben für den Handel nur geringe Bedeutung. Häufiger sind die Genetten, von ähnlicher Farbe, welche von Südfrankreich, Spanien und hauptsächlich von Nord-Afrika ausgeführt werden.

Lammfelle.

Lammfelle gehören, wiewohl nicht dem Wildwerk, doch aber, in soweit sie nicht zur Lederbereitung dienen, dem Rauchwaarenhandel an. Man verwendet zu Pelzwerk keine der feinwolligen, sondern lediglich die haarigen und krausen Arten und von diesen vorzugsweise die schwarzen. Die schönsten schwarz glänzenden, fein- und dichtlockigen Lammfelle liefert Persien; auf diese folgen die Provinzen Astrachan, die Krimm und Ukraine. Von allen diesen Gegenden werden neben den schwarzen auch schöne graue Felle geliefert. Der Handel mit den genannten Gattungen befindet sich in Russland in den Händen der Tartaren, welche sie trefflich zu bereiten wissen. Ferner liefern Ungarn, die Türkei, besonders auch Italien, Südfrankreich, Holland, Island, Seeland und endlich Norddeutschland mehr oder weniger schöne nutzbare Sorten. Verwendet man die feinen persischen, astrachaner und krimmer Lammfelle zu Garnituren und Besätzen, mit welchen ebensowohl die ungarischen Patrioten, als die Pariser Damen sich schmücken, so bieten andrerseits die gewöhnlichen Lammfelle Gelegenheit, dass auch der Landmann sich in einem minder theuren, doch aber warmen Pelze gegen Kälte und rauhe Witterung schütze. Bei der grossen Verschiedenheit des Werthes dieser Felle bemerken wir nur, dass man für feine persische Lammfelle 3 bis 5 Thaler, Astrachaner und Krimmer 1 bis 2 Thlr. per Stück, für die verschiedenen andern kleinen schwarzen Lammfelle 25 bis 80 Thaler per 100 Stück und für weisse kleine dergleichen 12 bis 40 Thaler per 100 Stück bezahlt. Die Felle der grossen Schafe von Wales werden in England bereitet und in allen Farben: Roth, Blau, Grün, Gelb, Anilin, Orange, Schwarz u. a. m. gefärbt und dienen alsdann zu Fussdecken. Der Preis der letzteren ist je nach Grösse und Schönheit 5 bis 9 Thaler. Die ganz rein weissen werden auch in Streifen zerschnitten und zu Boa's verarbeitet. Die Felle der persischen Ziegen oder Angora's führen wir ebenfalls über England, wo man die Bereitung am besten versteht, nach Deutschland und gelegentlich nach Russland. Man benutzt auch diese zu Muffen, zu Boa's und zur Quasten- und Franzenbereitung und zahlt für schöne Felle 12 bis 20 Thaler.

Affen.

Wenige Affengattungen liefern brauchbares Pelzwerk; es ist nur die Westküste Afrika's, von welcher eine Anzahl schwarzer lang-, dünn- und glatthaariger Affen und eine kleinere Zahl perlgrauer ausgeführt werden; doch auch auf der gegenüberliegenden Seite des atlantischen Oceans* in Mexiko kommen,

* Man kann bemerken, dass unter demselben Breitengrade auch in den durch Weltmeere getrennten Ländern vielfach die nämlichen, selbst die sonst nirgends auf der Erde vorkommenden Thiergattungen, wenn auch durch klimatische Verhältnisse in ihrem Pelz verändert, vorgefunden werden. So z. B. finden sich die Affen hier, wo die Rundung Afrika's vom Meerbusen Mexiko's gespalten zu sein scheint; in Norwegen die Vielfrasse der Labradorküste; in Lappland, in Island, in Grönland keine rothen, sondern nur blaue und weisse Füchse; Kittfüchse nur in den Prairien des westlichen Amerika und in den Steppen der Mongolei in Asien.

wenn auch selten, doch schwarze, pelzreiche, feinhaarige, dem schwarzen Fuchse ähnelnde Affen vor*.

Die afrikanischen Affen, die schwarzen von den deutschen Kürschnern Scheitelaffen, die grauen Perlaffen genannt, werden zu Decken, in England vielfach zu Muffen verbraucht; der Preis ist 1 bis 3 Thaler per Stück. Von mexikanischen Affen kann man der kleinen Anzahl wegen einen Preis nicht angeben.

Löwen, Tiger, Panther, Leoparden u. s. w.

Von diesen Fellen aus der warmen und heissen Zone des südlichen Asiens und Afrika's haben wir, weil ihre Anzahl nur klein und der Nutzen beschränkt ist, nur wenig zu sprechen.

Löwenfelle (lat. *felis leo*) erhalten wir am schönsten aus Asien. An Grösse sind sie den afrikanischen gleich, vom Kreuze bis unten glatthaarig, fast kahl, doch macht die Mähne, welche bei dem asiatischen männlichen Löwen bis auf den Bauch reicht, sie imposant. Vollständig erhalten, d. h. mit Kopf, Gebiss, und Klauen versehene Exemplare werden als Fussdecken für Zimmer von Vornehmen oft mit mehreren hundert Thalern bezahlt. Die Felle weiblicher Löwen sind ohne Mähne und werden wenig geschätzt.

Der Königstiger (lat. *felis tigris*) aus Indien und der Tartarei, 6 bis 9 Fuss lang, mit 3 Fuss langem Schweif, ist braungelb mit schwarzen unregelmässigen Streifen von der Mitte des Rücken auf die Seiten hinablaufend und mit weissem Bauch. In der Regel bekommt man sie mit kurzem, glattanliegendem Haar, mit einer dicken Haut, welche vielfach durch den Fang

* In einem Zeitraume von mehreren Jahren ist es uns nur gelungen, kaum 50 Felle dieser Gattung zu bekommen.

und durch Kugeln beschädigt ist; alsdann sind sie nur sehr wenig werth. Es giebt jedoch einzelne Felle, die mit schöner Farbe und Zeichnung, dichtem, einen Zoll langem Haar und feiner Haut, den Werth von über 100 Thaler haben. Sie kommen indess selten in den auswärtigen Handel, weil die Chinesen sie gern für sich behalten.

Afrikanische Tiger oder **Jaguars** (lat. *felis onca*), sind bedeutend kleiner als die vorigen, gelb in Grundfarbe, mit schwarzen Flecken. Es kommen von diesen jährlich circa 300 Felle in den Handel und werden in England und Oestreich zu Pferdeschabracken für hohe Militärs verbraucht. Der Preis ist 15 bis 40 Thaler per Stück.

Leoparden und **Panther** (lat. *felis leopardus* und *felis pardus*) kommen aus Asien und Amerika, sind grösser als die vorigen, mit mehr oder weniger geschlossenen Ringelflecken und meistens sehr kurzhaarig. Man verwendet sie zu Pferde- und Schlittendecken. Es gehört ferner hierher der

Kuguar oder **Puma** (lat. *felis concolor*) aus Mittel-Amerika, einzeln aus Canada. Derselbe hat eine rothgraue oder rothgelbe Farbe ohne jede Abzeichnung. Weil er demnach nicht schön ist, noch auch sein Pelz warm hält, wird sein Werth sehr gering geschätzt. Es kommen ferner häufig aus Indien

Ozelot und **Tigerkatzen** (lat. *felis tigrina*), welche in der Grundfarbe graugelb, durch ihre länglichen schwarzen Flecken, die auf dem Rücken mehrere gerade Linien bilden, schön gezeichnet erscheinen; sie werden zu kleinen Fussdecken und Schabracken verbraucht.

Es schliesst mit diesen Fellen eigentlich die Reihe der Pelzthiere, doch bleiben uns noch einige Gattungen aus dem Reiche der Vögel zu erwähnen, deren Haut, wenn auch statt der Haare mit Federn besetzt, doch zum Pelzwerk verbraucht wird. Die Felle der

Schwäne und der Gänse. Es werden diese Thiere ausschliesslich in Holland zu dem Zwecke der Pelzwerkgewinnung gehegt. Die Felle werden von den starken Conturfedern befreit, so dass nur die zarten Flaumfedern auf der Haut bleiben. Die Holländer und Franzosen verwenden besondere Sorgfalt auf die Bereitung und erhalten sie tadellos weiss und weich. Ferner kommt häufig eine Gattung von Tauchern unter dem Namen Grebes in den Handel, besonders ein Erzeugniss Hollands, der Türkei und der bayrischen Hochebene. Diese werden mit dem ganzen Gefieder d. h. jedoch ohne Flügel u. dgl. verarbeitet, und die silberweissen Bäuche bilden ein sehr schönes Pelzwerk, aus welchem auch allerlei Pelzschmuck gefertigt wird.

Preisveränderung der Rauchwaaren.

Steigen und Fallen derselben.

Der Werth einer Waare hängt zunächst von ihrer Nutzbarkeit ab, und der Preis derselben von der verhältnissmässigen Seltenheit und besonders von dem Reichthume derjenigen Länder und Städte, wo solche Waaren beliebt, zur Mode geworden und gesucht sind.

Wir haben schon bewiesen, dass die Ausbeute feiner Pelzfelle in den letzten Jahrhunderten nicht geringer geworden, dass also feine Felle nicht seltener geworden sind, sondern dass die Zahl derselben von Jahrzehnt zu Jahrzehnt zunimmt; vielmehr aber, als das Quantum der Jagdbeute, hat die Zahl der Menschen, der Verbraucher, viel bedeutender hat die Mode, der Luxus, viel mehr hat der Nationalreichthum aller civilisirten und pelzwerkverbrauchenden Länder zugenommen, und dieses so wie die Vermehrung des Geldes, insonderheit des Papiergeldes, sind die Ursachen, dass Pelzwaaren in dem Zeitraume von 1720 bis 1820 durchschnittlich auf das doppelte, in den letzten vierzig Jahren aber wiederum um das Dreifache gestiegen sind.

Aber der Wechsel der Mode, Kriege und Geldkrisen haben gelegentlich den Werth mancher Artikel um fast ebensoviel vermindert. Beispielsweise wurden bei der Londoner Auction der Hudsonsbay-Compagnie folgende höchste Preise bezahlt:

Zobel Ao. 1729: 10/ — 1802: 5/ — 1829: 16/$_8$ d — 1863: 35/ pro Stück.

Nerze von Fort York 1802: 10/ — 1829: 3/$_9$ d — 1863: 18/$_6$ d.

Es sind demnach Zobel vor hundert Jahren theurer, als Anfangs dieses Jahrhunderts gewesen, dann aber nach und nach mehr in Mode gekommen, und theurer geworden. 1802 galten Nerze noch einmal so viel als Zobel, in den dreissiger Jahren waren sie am billigsten, und jetzt gelten sie den theuersten Preis, besonders aus dem Grunde, dass die bei weitem grösste Anzahl derselben in Amerika selbst, welches sie hauptsächlich producirt, verbraucht wird.

Biber wurden bezahlt 1729: 4/ bis 6/$_6$ d pr. Pfd. — 1814: 24/ bis 58/ — 1829: 10/ bis 45/ — 1839: 4/ bis 6/ — 1844: 11/ bis 26/ — 1848: 3/ bis 6/ — 1851: 4/ bis 11/$_8$ d — 1863: 4/ bis 11½/.

Sie wurden bis in die dreissiger Jahre dieses Jahrhunderts in Europa lediglich zu Hutstoffen, und zu diesem Zwecke namentlich in England verbraucht, und erhielten dadurch ihren hohen Werth; Ao. 1814 trieb die Speculation sie auf den höchsten Preis. Man glaubte damals, sie direct nach Russland und China, in welchem letztern Lande sie zu Pelzwerk verbraucht wurden, einführen zu können. Diese Unternehmungen brachten jedoch grossen Verlust. Nachdem im Jahre 1835 die Biberhüte auch in England aus der Mode gekommen waren und den Seidenhüten Platz eingeräumt hatten, fiel der Preis binnen fünf Jahren nach und nach von 30/ auf 5/. Nun erst bemächtigte der Rauchwaarenhandel sich dieses Artikels und derselbe ist erst seit dieser Zeit wieder bis auf ungefähr den doppelten Werth gestiegen. Aehnlich, wie mit Bibern, ist das Verhältniss mit Bisam. Auch diese wurden ehemals ausschliesslich zu Hutstoffen, und erst seit den vierziger Jahren mehr zu Pelzwerk verwandt; sie galten den höchsten Preis 1814, als $2/_{10}$ d per Stück bezahlt wurde; 1835: 8 d — 1863: 2/ per Stück. Auch Hasenfelle wurden im zweiten Decennium unseres Jahrhunderts am höchsten, nämlich mit 20 guten Groschen per Stück bezahlt.

Ukrainer Lammfelle kosteten bis 1835 selten über 14 Thaler per 20 Stück, seit 10 Jahren haben sie sich fortwährend in doppeltem Preise erhalten. Unsere deutschen Edelmarder wurden im Anfange dieses Jahrhunderts und noch 1830 mit 55 Thaler per Zimmer von 40 Stück, jetzt mit 250 Thaler per Zimmer bezahlt. Steinmarder galten damals 40 Thaler, jetzt 160 Thaler, Iltis 12 Thaler, jetzt 80 Thaler. Das Steigen erfolgte aus dem Grunde, dass sie in der Zwischenzeit in England und in dem bis vor kurzem so emporblühenden Nord-Amerika in Mode gekommen sind. Deutsche Füchse kosteten 1830 8 Thaler per 10 Stück, 1863: 18 Thaler; für diese und viele andere Arten Felle hat sich ein höherer Preis festgestellt, seit die Einfuhr in Russland nicht mehr verboten, und der Zoll* daselbst minder hoch ist. Der Werth

---

* Hohe Zölle und Prohibitionen verhindern den Handel nicht, aber sie veranlassen das Verbrechen des Schleichhandels, nützen selten finanziell, sondern schaden der naturgemässen und gesunden Entwickelung der Industrie und der freien Bewegung des Handels; sie erschweren den Verbrauch und den Nutzen der Waare, und drücken den Werth derselben nieder. Die früher in Russland verbotenen, oder mit sehr hohem Zolle belegten

der Pelzwaaren in Russland verändert sich in der Regel weniger durch die Mode, als durch Mangel, oder Ueberfluss an Waaren wurden schon damals in gleichen Quantitäten dahin eingeführt. Der Preis war ausserhalb Russlands viel niedriger; dort aber ist er ziemlich gleich geblieben; den grossen Unterschied hat der Schleichhandel gekostet.

Russischer Zolltarif vom Jahre 1857.	Neuer Zoll.		Alter Zoll.	
	SR.	Cop.	SR.	Cop.
Virgin. Iltis, Bären, Löwen, Panther, Leoparden, Zebra pr. Pfd. russ.	—	50	1	50
Flussbiber und Landottern	1	20	verboten	
Seebiber (See-Ottern)	verboten		verboten	
Meerkatzen (Pelzseehunde)	—	60	verboten	
Füchse mit Ausnahme der schwarzen . . . . zur See	—	40	—	75
zu Lande	—	30	—	50
Füchse aus Finnland	—	20	—	45
Schwarze Füchse, Chinchillas und Zobel	3	50	3	50
Bisamratten	—	15	—	15
Schuppen	—	40	zur See —	80
			zu Lande —	50
Wölfe, Luchse, Schaffelle, Angoras, Schwäne und Alles nicht benannte	—	40	—	75
Fertige Pelzwaaren zahlen 50% mehr wie die Felle, aus denen sie angefertigt.				
Zwanzig Jahre früher waren die meisten Zölle doppelt so hoch, als vor Ao. 1857.				

Als noch vor 20 Jahren Nerze zum Verbrauch in England 10 Pence Zoll kosteten, wurden die Nerze vom Columbia-Fluss lediglich für das Ausland, demnach *transito* gekauft, und zu 6 Pence pro Stück bezahlt. Zwei Jahre später, nachdem der Zoll aufgehoben war, zahlten die Engländer dafür 2 Shilling pro Stück, und erzielten noch Gewinn dabei.' In unserm Zollverein wird die freie Bewegung des Rauchwaarenhandels durch den mässigen Zoll von 20 Ngr. pro Centner für die meisten Rauchwaaren, nicht gestört, weil der Kaufmann diesen Zoll als eine Abgabe von 1/4% betrachten kann. Die Unterschiedzölle jedoch, als Ausfuhrzoll von Hasen- und Lammfellen à 15 Ngr., Einfuhrzoll für Angorafelle à 6 Thlr., und für verfertigte Kürschnerarbeit à 20 Thlr. bereiten dem Handel einige Beschwerden, bringen der Industrie sicher weder Schutz noch Gewinn und die Erhebungskosten dürften den finanziellen Ertrag aufwiegen.

einzelnen Artikeln. Folgende Liste, welche um so mehr für richtig gelten kann, als der Werth so verschieden angemerkt ist, bezeichnet Preise, welche den heutigen vielfach gleichkommen.

Preise in Kiachta
in den Jahren 1770 bis 1772.

a) **Canadisches Pelzwerk:**
Biber das Stück zu 7 bis 10 Rub. Ottern 6 bis 25 R. Schwarze Füchse von 1 bis 100 R. Gemeine 3½ bis 6 R. Eisfüchse 2 R.

b) **Russisches Pelzwerk:**
See-Ottern, alte, 90 bis 140 R. Mittlere 30 bis 40 R. Schwänze von See-Ottern das Stück 2 bis 7 R. Gemeine Biber ohne Bäuche 4 bis 6½ R. Junge Flussbiber ½ bis 4 R. Biberbäuche der Sack 25 bis 44 R. Fluss-Ottern das Stück 2 bis 11 R. Bäuche von denselben das Stück 30 Cop. Bärenhäute 2 bis 4 R. Wolfsbälge 2 bis 8 R. Luchsbälge 4 bis 16 R. Vielfrasse 3 bis 4 R. Schwarze Füchse mit eisgrauen Haarspitzen 4 bis 180 R. Frühfüchse ½ bis 10 R. Feuerrothe 80 Cop. bis 9 R. Weisse 2 R. Fuchsbäuche das Paar 75 Cop. bis 1 R. Fuchshälse das Paar 1 R. bis 140 Cop. Fuchspfoten das Paar 10 Cop. bis 4 R. Fuchsschwänze 4 Cop. Vertragene Fuchspelze 12 bis 18 R. Zobel, gemeine, 2½ bis 10 R. Säcke von dergl. Zobelrücken 120 R. Zobelbäuche das Paar 58 Cop. Zobelpfoten der Sack 20 bis 50 R. Zobelschwänze das Stück 25 bis 50 Cop. Marderfelle 90 Cop. bis 3 R. Pfoten 90 Cop. bis 3 R. Kehlen der Sack 7 R. Schwänze das Stück 20 Cop. Hermeline das Stück 20 Cop. Wiesel 2 bis 10 Cop. Feuergelbe 25 bis 27 Cop. Iltis 11 bis 15 Cop. Grauwerk das Tausend 70 bis 152 R. Weisse Hasen das Stück 11 bis 12 Cop. Seehundsfelle 140 Cop. bis 2 R. Junge Seebären 1½ bis 6 R. Jakutenpelze von Seebären 30 bis 70 R. Dergleichen Felleisen 4 bis 20 R. *Dergl. Matratzen 89 R. Junge Renuthierfelle 4 bis 5½ R. Katzenfelle 14 Cop. Sortirte Katzenrücken der Sack 2 bis 15 R. Schwarze Lämmerfelle das Stück 30 bis 110 Cop. Andere dergl. 20 Cop. bis 1 R. Schaffelle 25 bis 80 Cop. Ziegenfelle 12 bis 40 Cop. Hundefelle 50 bis 100 Cop. Vieler anderer und geringer Pelzsorten und Felle zu geschweigen.

Ebenso veränderlich, wie der Werth und Preis der Pelzfelle, ist auch das jährlich gewonnene Quantum. Die Zahl der in Sibirien erlegten Eichhörnchen variirt zwischen fünf und zehn Millionen, und ist abhängig von der mehr oder weniger reichlichen Nahrung; wenn demnach viele Buchennüsse wachsen, erhält man viele Eichhörnchen und umgekehrt. Russland producirt manchmal nur 2000 Ballen Hasen à 500 Stück und zu andern Zeiten 5000 Ballen, welche Mehr- oder Minderzahl aus günstiger oder ungünstiger Witterung in der Wurfzeit resultirt. Von Bären lieferte die Hudsonsbay-Compagnie im zweiten Jahrzehnt dieses Jahrhunderts jährlich 40,000 Stück, obgleich das gewöhnliche Quantum etwa 10,000 beträgt. Die Compagnie hatte einen höheren Fangpreis bewilligt, weil die Felle damals für den Militairgebrauch sehr theuer bezahlt wurden; der hohe Preis schaffte die Waare aus den Urwäldern herbei. Luchse, von welchen seitens der Hudsonsbay-Compagnie durchschnittlich etwa 5000 Stück jährlich geliefert wurden, erschienen bei der Londoner Auction im Jahre 1848 in Anzahl von 30,000 Stück. Der Gouverneur der Compagnie erklärte bei dieser Gelegenheit, dass man, in der Ueberzeugung, dass die Luchse den feinen Pelzthieren, namentlich den Zobeln, viel Schaden zufügten, ein höheres Fanggeld für Luchse ausgesetzt habe; er glaube diese Felle der Speculation empfehlen zu dürfen, weil, da so viele Luchse getödtet worden seien, die folgenden Jahre wenig davon liefern würden. Der Gouverneur irrte sich, denn das Jahr 1849 brachte 46,000 und das Jahr 1850 wieder 41,000 Luchse. Aus dieser Zahl möge man sich eine Folgerung von dem noch unergründbaren Pelzreichthum jener Gegenden bilden.

Von weissen Füchsen liefert die Hudsonsbay-Compagnie durchschnittlich jährlich 3000 Stück; das Jahr 1856 brachte 10,267, 1864 — 12,339 Stück; das grosse Mehrquantum erfolgt bei sehr strengen Wintern; dann fliehen selbst die Thiere die grimmen Eisregionen, und kommen in von Menschen bewohnte Gegenden, wo sie erlegt werden können.

Von Hudsonsbay-Zobeln, deren Durchschnittszahl 80,000 Stück ist, lieferten die Jahre 1848: 121,000 Stück — 1855: 109,000 Stück — 1856: 149,000 Stück — 1863: 63,000 Stück — 1864: 88,000 Stück, welche Unterschiede von dem der Jagd mehr oder minder günstigen Wetter herrührten.

Die Durchschnittszahl der Hudsonsbay-Wölfe ist 6000 Stück; 1855 lieferte 13,754, 1862 und 1863 nur 3300, 1864 wiederum 7634 Stück. Die Thiere waren in der Zwischenzeit vielfach durch Gift ausgerottet worden.

Pelz-Seehunde sind von einigen Inseln der Südsee, wo sie vor 30 Jahren in übergrosser Zahl angetroffen wurden, ganz verschwunden, doch unerachtet des oftmals leicht gelingenden Fanges (siehe Seite 53) dürften sie schwerlich daselbst ausgerottet sein; sie sind nach andern Eilanden gezogen, denn es werden noch jährlich genügende Quantitäten erlegt.

Der Kaufmann und Rauchwaarenhändler.

Wissen und Können sind die Eigenschaften, die der Mann am Manne am meisten achtet; sie sind auch die Grundlagen des kaufmännischen Berufes! „Viel, recht viel davon" ist in unserer, in der Bildung vorgeschrittenen Zeit für den Kaufmann erforderlich.

„Schreiben* ist gut, aber Rechnen ist besser"; mit diesem Sprüchworte glaubte man im vorigen Jahrhundert für die Erfordernisse des Kaufmanns weit genug zu gehen. Orthographisch, schön, in gutem und gewandtem Style schreiben**, correct und schön Buch führen, mit grosser Uebersicht, richtig und schnell alle Rechnenvorlagen lösen, müssen auch wir neben specieller Fachkenntniss den übrigen Erfordernissen vorausschicken;

* Einem Commis, welcher sich zu einer Stelle meldete, sagte der Chef: „Schreiben Sie mir." Der junge Mann schrieb, ohne sich zu besinnen mit einer vor ihm liegenden Feder, die, vielleicht absichtlich, mehr die Eigenschaft eines Schwefelhölzchens, als die einer Feder hatte, in höflichem und gutem Style; er erhielt die Stelle und machte in Folge dessen eine gute Carriere.

** Der beste kaufmännische Brief ist derjenige, welcher in den kürzesten aber höflichen Worten die Absicht des Schreibers darlegt.

demnächst aber sind dem Kaufmanne unentbehrlich: Erd-, Länder- und Völkerkunde, Naturwissenschaft, Volkswirthschaft und besonders die Kenntniss der lebenden Sprachen, als Englisch, Französisch, Italienisch, Spanisch, Schwedisch und Russisch. Mögen andern Kaufleuten die beiden erstgenannten genügen, der Rauchwaarenhändler soll auch die letzteren sich zu eigen machen. Wenn all dieses Wissen lebendig geworden ist in Wort und Schrift, in Sprache und Correspondenz, wenn es verbunden ist mit guten Sitten, Treue und Fleiss, dann haben wir „einen guten — Commis" aber noch keinen Kaufmann. Der Chef einer Handlung muss nothwendig und thatsächlich Alles besser können und wissen, als seine Commis. Ihm sind erforderlich: Organisationstalent, damit im Kleinen wie im Grossen ein jedes Ding und jede Kraft, die ihm zu Gebote steht, ordnungsmässig und da angewandt werde, wo sie am nützlichsten ist. Er braucht Weltkenntniss, dass man sein Wissen achte, Menschenkenntniss, um seinen Einfluss zu benutzen und sich vor Schaden und Betrug zu bewahren, Umgang mit Menschen aller Classen, hoch und niedrig, um den Character eines jeden zu verstehen und ihn danach zu behandeln.

Wie der Spediteur die Transportmittel und Wege, der Banquier den Credit, die Börsen und die Politik zu beobachten hat, so richtet der Blick des Kaufmanns sich auf den ganzen Erdball; er überschaut Production und Consumtion. Der Rauchwaarenhändler gebraucht Waarenkenntniss, damit bei der Ansicht einer Waare die vollständige Geschichte derselben sich ihm klar vor Augen stelle; neben der Benennung, die sich von selbst versteht, das Vaterland, die Jahreszeit der Gewinnung, der Werth auf den verschiedenen Handelsplätzen, der Verbrauch der Waare, der Markt, wo sie zu verkaufen ist, und die Geld-, Credit- und Prosperitäts-Verhältnisse des Verkaufmarktes. Moralische Kraft, die wir unter allen Erfordernissen und unter allen Gütern des Kaufmanns am höchsten stellen. Sie besteht in der Ueberzeugung der Kenntniss eines Unternehmens und des aufrichtigen Willens, rechtlich gegen Jedermann seine Schuldigkeit zu thun. Man gelangt dazu durch unaufhörliches Lernen (denn man weiss nie genug) — und durch das Streben, anderen Menschen und der Welt Nutzen zu schaffen. Wer im Handel nur für seinen eigenen Erwerb zu arbeiten meint, ist zu vergleichen mit dem Menschen, der da lebt, um zu essen, anstatt dass er essen soll, um zu leben. Sein Geschäft dünkt ihm eine Last; er wird träge, wenn er glaubt, genug erworben zu haben; oder habsüchtig und geizig, wenn er grosse Güter ansammeln will. Selbst verschuldete Verluste schreibt er den Umständen zu und bei ihm begegnendem Unglück wird er leicht verführt, für sich behalten zu wollen, was Anderen gehört. Der Kaufmann, welcher arbeitet um Andern zu nützen, der Eifer und Vorliebe hat für seinen Beruf, wird des Zieles seines Strebens, der Vervollkommnung der irdischen Dinge sich bewusst; ihm offenbaren sich die Vorzüge des menschlichen Geistes. Er hat Freude an seinem Berufe; darum arbeitet er mit Lust und ohne Unterlass; das Misslingen eines Unternehmens oder Verluste schreibt er seiner eigenen Unvollkommenheit zu; aber Gewinn und Gelingen eifert ihn an zu neuem Streben. Zwar Mancher, der nur reich zu werden strebt, erreicht auch Erfolg und schafft der Welt Nutzen, aber unbewusst in Betreff des Zweckes seines Daseins.

Ferner bedarf er Handelstalent. Wenn es auch Menschen giebt, die fast in jedem Berufe Nützliches würden leisten können, so steht es doch fest, dass viele nur zum Lehrstande, andere nur zum Wehrstande und wieder andere nur zum Nährstande, dem der Kaufmann angehört, tauglich sind, und dass alle verschiedenen Stufen und Abtheilungen dieser Stände nöthig sind, um manchen Einzelnen ihren Wirkungskreis anzuweisen*. —

Handelstalent, welches nicht gar viele besitzen, ist die Eigenschaft und Fähigkeit, gegebene Verhältnisse in Waaren, Wechseln, Geld und andern Gütern durch Austausch zunächst Andern und dadurch sich selbst nutzbar zu machen. In jedem Orte und unter allen Verhältnissen weiss das Handelstalent zu finden, wie der Handel besser betrieben werden könne; je ausgedehnter das Feld, je grösser die Prosperität des Landes, desto bessere Gelegenheiten und Vortheile bieten sich ihm dar, sein Ziel ist, die Vervollkommnung zu erstreben, deren alle irdischen Dinge fähig sind. Wer dieses versteht, dem wird reicher Geldgewinn nicht ausbleiben und er wird des noch höheren Lohnes, der Ueberzeugung nützlichen Strebens, theilhaftig werden.

Geld! Geld? Wir wiederholen das Wort mit einem Fragezeichen. Nach Geld schreien alle Diejenigen, welche weiter Nichts als Geld besitzen, Diejenigen, welche kein Geld oder keine Fähigkeiten besitzen und Diejenigen, welche der Welt weder nützen wollen noch können. Geld ist allerdings zum Handel eines der vielen Mittel; aber als Güter, die es ersetzen und

---

* Einem strebsamen Geschäftsmanne, der das Ziel seines Berufes kennt, dürfte es schwer werden, für allgemeine Angelegenheiten, Communal- und Regierungsgeschäfte die nöthige Zeit zu finden, weil fast ein jedes Fabrik- und Handelsgeschäft einer Ausdehnung fähig ist, in welcher der Chef allein mehr als eine grosse oder kleine Stadtgemeinde zu verwalten hat. Vielfach dürften daher diejenigen Geschäftsleute, die ihre Zeit vornehmlich dem öffentlichen Wohle widmen, in ihrem geschäftlichen Berufe nicht an ihrem Platze sein.

deren Werth höher zu schätzen ist, sind zu bezeichnen: Intelligenz, Kenntnisse, Fähigkeiten, guter Name und der daraus folgende Credit. Es wird nicht oft eine Handlung mit grossem Capital gegründet; man sagt: „das Geld soll werben"; es werben aber auch die Kenntnisse und Fähigkeiten des Mannes und wenn es in der von uns bezeichneten treuen, rechtlichen Weise geschieht: so muss man dieses Werben ein ehrenvolles Streben nennen.

Rechtlichkeit. Der Kaufmann muss darin strenger sein als die meisten andern Stände, als jedes Gesetzbuch; sie muss ihn auf jedem Pfade des Lebens begleiten; sie ist ihm zunächst bei der Begründung eines Geschäfts, und zu dieser Epoche vornehmlich bei der Benutzung des Credits nöthig. Einem jungen Kaufmanne mit gutem Namen fehlt es selten an genügendem Credit, und hier gilt die Klugheit, nicht mehr davon zu benutzen, als mit seiner Geschäftskenntniss und seiner moralischen Kraft vereinbar ist. Er muss sein Wort halten*, denn ein gebrochenes Versprechen raubt den guten Namen. Nicht zur rechten Zeit und Stunde zahlen zu können, entnimmt den Credit und das Schlimmste, was dem Kaufmanne widerfahren kann, ist nicht etwa der Verlust seines Eigenthums, sondern der Verlust des Eigenthums, das Andern gehört. Mögen auch die

---

* Wenn ein Banquier bei Vorzeigung eines fremden Wechsels gefragt wird, ob solcher Wechsel gut sei; so wird er durch seine Antwort „ja" sich rechtlich für verpflichtet halten, den Wechsel zu bezahlen, selbst wenn er die ganze Summe verliert; er müsste denn dem „Ja" die Bemerkung: „ohne meine Verbindlichkeit" hinzugesetzt haben. — Wir erinnern unter vielen andern nur an einen Fall, als an der Börse in Lübeck ein Kaufmann gefragt wurde, ob ein gewisses Hamburger Haus für 10,000 Mark gut sei. Als er die Frage bejaht hatte und zwei Tage später erfuhr, dass jenes Hamburger Haus fallirt habe, bezahlte er auf sein „Ja" hin ohne weiteres die 10,000 Mark. Er war damals nicht reich, aber er hat bis heute seine Ehre bewahrt.

Andern den Verlust ertragen können, er verliert dadurch seine Ehre, und man könnte sagen, es wäre ihm besser, nie geboren zu sein — denn nur in dem seltenen Falle, dass es ihm gelingt, in ferner Zeit Capital und Zinsen wiederzuerstatten, kann er die Ehre wiedererlangen.

Der rechtliche Kaufmann soll sein Licht leuchten lassen. Im Dunkeln wandeln die Finsterlinge und herrscht der Betrug. Ein offenes Gesicht ist dem Kaufmann ein Freibrief durch die Welt und ein freimüthiges Wesen gewinnt ihm Zuneigung. Kenntnisse und Geschicklichkeit allein nützen nicht; der Handel will auch betrieben und empfohlen* sein, empfohlen durch Wort und Schrift (ein jeder Brief muss der betreffenden Handlung zur Empfehlung dienen) — durch Ankündigungen, Umlaufsschreiben, die der Handlungsweise entsprechen.

* Ein Schuhwichsfabrikant in London, der überzeugt war, die beste Schuhwichse anfertigen zu können, legte fast sein ganzes Capital zur Verfertigung dieses Artikels an. Darauf kündigte er seine Waare in Zeitungen und Briefen an; aber Niemand kümmerte sich um seine Wichse; er hatte keine Käufer. Als er sah, dass er bald kein Geld zum Lebensunterhalte mehr haben würde, fiel ihm noch ein Mittel zu Bewirkung des Verkaufs ein Er zog seine besten Kleider an, ging zu allen grossen Londoner Handlungshäusern und fragte nach einer grossen Partie Schuhwichse; er verlangte aber Waare von *Day & Martin* (so hiess seine Firma), von welcher man ihm noch keine liefern konnte. Nun erst ward Nachfrage für seine Wichse laut; man suchte sie, kaufte sie, pries sie an, die Waare entsprach der Empfehlung, er konnte bald kaum genug Wichse liefern. Der Mann ist durch diesen einfachen Artikel reich geworden; ein grosses Haus in Holborn, das ihm gehört, trägt die Firma „*Day & Martin*". Oft sieht man 3 bis 4 eiserne Lastwagen hintereinander durch Londons Strassen ziehen, jeden mit vier glänzend schwarzen starken Pferden bespannt, neben jedem Wagen einen Fuhrmann und einen Knecht mit weissen Schürzen; diese Lastwagen und Leute gehören *Day & Martin*; sie holen von den Speichern die Ingredienzen der Schuhwichse, oder sie bringen grosse Fässer voll Wichse zu den Schiffen, die nach überseeischen Häfen gehen. Auch eigene Schiffe besitzt der Mann, die von Indien Specereien bringen und dorthin Schuhwichse führen.

Es darf dem Kaufmanne nicht fehlen an Unternehmungsgeist, der mit dem Wissen, der Klugheit und Vorsicht zusammengeht. Wenn der Preis der Waaren und Werthsachen steigt oder fällt wegen Mangel oder Ueberfluss, durch den Wechsel der Mode oder durch friedliche oder kriegerische Ereignisse, durch Prosperität oder schlechte Geldverhältnisse der Productions- oder der Verbrauchsländer, so ist dem Kaufmanne Alles zu wissen von grossem Vortheil. Ist nun die Waare wohlfeil zu den Verhältnissen des Verbrauchsmarktes, den er kennt, so kauft er viel und benutzt auch wohl seinen Credit, fördert billige Waare dahin, wo sie gesucht ist und schafft dadurch Nutzen und sich selbst Gewinn. Wird aber solche Waare zur Mode in einem glücklicher Verhältnisse sich erfreuenden Lande, so kauft er viel, auch zu hohem Preise, bei gleichem Erfolge. Unternehmungsgeist ist wohl zu unterscheiden von Speculation, die nicht auf Wissen, sondern nur auf Hoffen und Glauben beruht, die nur ein Glücksspiel ist und aus dem kaufmännischen Wörterbuche gestrichen werden sollte.

Muth gehört dazu, die Welt in allen den Theilen zu erobern und sich unterthan zu machen, die seinen gemeinnützigen Zwecken dienen können. Der Kaufmann scheut auch auf Reisen nicht Gefahr, mag auf der See es stürmen und toben. Wie der Schiffer das wogende Element zu bewältigen strebt, so überwältigt auch er jede Furcht, denn er ist in seinem Berufe. Sein Muth erstreckt sich vornehmlich auch auf die Wahrung seiner Ehre, die er mit allem Vermögen vertritt und mit allen ihm zu Gebote stehenden Waffen schützt.

Der Kaufmann und Rauchwaarenhändler sollte Kosmopolit sein; er dient allen Nationen und alle müssen ihm dienen; keine Völker und Menschen sind als solche seine Feinde. Er bezieht Waaren von dem Lande, wo sie am besten sind, und muss arbeiten lassen da, wo die Fabrikation am weitesten vorgeschritten ist, weil er anders seinen Beruf, der Welt zu nützen, nicht würde erfüllen können; nur unter gleichen Bedingungen zieht er sein engeres Vaterland vor. Er ist nach seiner politischen Gesinnung zuerst Weltbürger, und wenn er in Deutschland und in Sachsen wohnt, zuerst Deutscher, dann Sachse, aber unter diesen Voraussetzungen nicht Engländer, Franzose, Preusse oder Oestreicher.

Im Verfolg seines Ziels, nämlich in dem Streben nach Vervollkommnung ist er dem Fortschritte und der Verbesserung des Bestehenden, besonders der freien Entwickelung des Handels und der Gewerbe, freier Wege und Stege, Verminderung und Aufhebung der Zollschranken, mit einem Worte dem Freihandel zugethan; er ist überzeugt, dass der Handel vor allen andern Dingen vollkommene Freiheit vertragen kann; dass derselbe, wo sie waltet, am besten gedeiht und derselben auch würdig ist. Aber er vergisst auch nicht, dass der Handel neben der Freiheit „der Sicherheit" bedarf und achtet Gesetz und Ordnung.

Ora et labora. Der Kaufmann muss fromm sein im ernsten Sinne; er muss von Frömmelei weit entfernt und ohne äusseren Schein all sein innerstes Wollen und Streben im demüthigen Gebete Gottes Rath anheimstellen. Nur zu leicht kann er bei dem Gelingen seiner Unternehmungen, beim Anwachsen seines Vermögens sich dem Wahne hingeben, dass dieses Alles sein eigenes Werk und Verdienst sei und leicht kann er darüber seines Schöpfers vergessen, der ihm Intelligenz und Fähigkeiten verliehen hat; aber sein Vermögen ist so unsicher wie der Meeressand, den eine Hochfluth angehäuft und den die nächste Ebbe hinwegreisst; seine Grundsätze sind wie das schwache Rohr, das der Wind hin und her weht. Nur

Gebet und Gottvertrauen neben treuer Pflichterfüllung können ihm sicher auf dem gefahrvollen Lebenspfade geleiten. Mit Gott steht er sicher wie ein Fels! Wie aber auch ein Fels fallen kann, so auch er; aber er fällt dann mit dem Bewusstsein, dass dem Laufe des Irdischen Genüge geschehen ist und sein Geist, der Ewigkeit angehörend, hebt sich vertrauend wieder empor durch Nacht zum Licht.

Der Kaufmann ehrt seinen König als die Spitze der Landesverhältnisse und liebt ihn um so mehr, wenn neben hohen Regententugenden Weisheit und Wissen ihn verehrungswürdig machen. Er achtet sein engeres Vaterland, das er niemals verleugnet und für dessen Ehre er Alles einzusetzen bereit ist.

Er pflegt auch gerne des Frohsinns, wenn das Familienglück ihm Rosen streut; und freigebig und wohlthätig sein zu können, dünkt ihm der Lohn und Segen seiner Arbeit.